関東にあるお寺と仏像

高山 雄輔

目次

八王子市　龍見寺、極楽寺……5
横須賀市　横須賀美術館と三浦氏ゆかりの寺院……10
静岡県　北條寺、かんなみ仏の里美術館……17
鎌倉市　円覚寺、東慶寺、浄智寺と建長寺……24
日野市　金剛寺、安養寺……32
横浜市　遍照寺、證菩提寺、寶生寺と神奈川県歴史博物館……37
川崎市　影向寺、稲城市　常楽寺、妙見寺と高勝寺……43
栃木県　足利市立美術館と鑁阿寺、足利学校……49
横浜市　弘明寺、金沢文庫と称名寺、真照寺……56
八王子市　清鏡寺、国分寺市　武蔵国分寺と府中市　大國魂神社……62
鎌倉市　光明寺、浄光明寺、瑞泉寺と報国寺……69
府中市　善明寺、国立市　くにたち郷土文化館と調布市　深大寺……75
東京都　大円寺、蟠龍寺、五百羅漢寺と瀧泉寺（目黒不動尊）……84

東京都　五島美術館、大倉集古館と早稲田大学會津八一記念博物館……91
鎌倉市　英勝寺、海蔵寺、浄光明寺と極楽寺……99
茨城県　雨引観音楽法寺、観音寺と羽黒神社……106
小田原市　東学寺、箱根町　興福院と箱根神社……113
東京都　増上寺、観音寺と護国寺……120
海老名市　龍峰寺、鎌倉市　青蓮寺と来迎寺……128
伊勢原市　日向薬師、大山阿夫利神社と大山寺……135
東京都　寛永寺、浅草寺と栃木県　輪王寺……143
埼玉県　保寧寺、天洲寺と廓信寺……154

八王子市　龍見寺、極楽寺

京王線めじろ台駅で電車を降りるのは初めてのことだ。駅前はロータリーと京王ストアがある位で、ほぼ住宅地と言っていい場所である。ここから八王子駅行きの京王バスに乗り約5分、和田のバス停で降りる。バス停から歩いて5分～6分の所に龍見寺がある。

龍見寺は光輝山龍見寺と号する曹洞宗の寺院で、1598年に創建された。本山は永平寺（福井県）及び総持寺（横浜市）である。本尊は一佛両祖と称し、中央に釈迦如来、両側に永平寺開山の道元禅師と総持寺開山の瑩山禅師（けいざんぜんじ）を祀っている。現在の本堂は1803年に再建されたものである。

大日堂は1381年、室町時代に大日如来を奉じて建立されたと伝えられ、寺が開かれる前から仏像が安置されていた。この仏像が木造大日如来坐像である。某TV番組の『東京サイト』で紹介されたのを見て、是非拝観したいと思い一般向け特別公開の日に訪問させて頂いた。

大日堂の中には既に参拝者が入っており、住職の説明が漏れ聞こえてくる。周囲には7

組~8組の来訪者があり、用意された芳名録に名前が書かれている。暫く待っていると大日堂の扉が開き人々が出てきた。次回の人々が順番に大日堂の中に入って行き、私も最後尾に続いて階段を上り堂の中に入った。

大日堂の中は十坪程度の広さで、正面に開き戸が付いている。住職が扉を開くと、宝冠を被り、蓮華座の上で智拳印を結ぶ大日如来坐像が現れた。像高88．5cm、寄木造、玉眼（当初は彫眼）、漆箔で、条帛（長くなびかせる絹布をつけたもの）を掛け、裳（腰より下にまとった衣）を付けている。秘仏のためか金箔も相当残っており、特に光背の美しさは目を見張るものがある。

昭和37年の文化財調査の時、仏像彫刻家の西村公朝氏が「作者銘があれば国宝にしても相応しい」と評したとの事であるが、藤原末期の秀作として、東京都の有形文化財に指定されている。脇侍として向かって右に文殊菩薩、左に普賢菩薩が祀られているが、江戸時代に現在の大日堂と一緒に造られたものである。

何故曹洞宗の寺院に大日如来像が祀られているかについては、横山党が関係しているといわれている。横山党は平安時代末期に武蔵国多摩郡（東京都八王子市）の横山荘を本拠地とする同族的武士団で、武蔵七党の中で最大勢力であった。奥州征伐で手柄を立てた横山党が、羽州湯殿山神社（本地仏大日如来）遥拝のために祀ったという説である。開山以前から、大日如来を守って庵があったとされており、今日まで美しい姿が保たれてきた。

龍見寺から和田のバス停まで戻り、再び八王子駅行きのバスに乗る。八王子駅に着くと、駅を中心に道路が放射線状に伸びており、西放射線ユーロードに面して、黄色い看板に緑の暖簾が目を引く『竹の家』がある。昭和29年創業、八王子市で最も古いラーメン専門店の看板には、『オートボイル式』なる見慣れない文字が書かれている。厨房には巨大な釜があり、ご主人が生麺をザルに入れると、ザルが自動的に釜の中に浸かってゆっくりと回転する。丼ぶりにスープを入れて回転盤にセットすると、徐々に上昇したザルが傾いて、茹で上がった麺が丼ぶりの中に投入されるという画期的？な機械である。

ラーメンを注文すると、『オートボイル式』で作られた醤油ベースのシンプルなラーメンが運ばれてくる。インスタントの様な縮れ麺の上に、ネギ、チャーシュー、メンマ、海苔が載っている。スープはどこか懐かしい味で、子供の頃食べたラーメンの記憶が甦ってくる。

『竹の家』を出て、ユーロードを更に進むと甲州街道に出る。甲州街道を西に向かって進み、八幡町の交差点を右折すると、国道16号線が浅川を渡る橋の袂に極楽寺がある。

極楽寺は寶樹山極楽寺と号する浄土宗の寺院である。1504年、滝山城主（現在の八王子市丹木町にあった戦国時代の城）大石定重がその城下に創建したとされる。開山は鎮譽上人である。本尊の阿弥陀如来立像は、像高約100cm、寄木造、玉眼で、室町時代『安阿弥』の作と伝えられている。秘仏とされているため、普段は見ることができない。

事前に拝観のお願いをしていたので、伺うと直ぐに本堂に案内された。内陣の豪華な天蓋の奥に、厨子に入った阿弥陀如来像が祀られている。光背の煌びやかさとは対照的な、黒く落ち着いた感じの仏像である。

歯吹き（はふき）阿弥陀といわれ、『無量寿経』の「容（みかお）を動かして欣笑（ごんしょう）を発し（おこし）、口（みくち）より無数の光を出だして徧く十方の国を照らしたまう」という教説に基づいている。歯を見せる所作よりも、開口して光明を発することに主眼を置いているという。全国的にも珍しく、山形県寒河江市慈恩寺、富山県富山市浄禅寺、茨城県行方市萬福寺などの阿弥陀如来像に『歯吹き』を見ることができる。

徳川家康が関東に入国した後、領主となった大久保長安が伽藍を再興し、八王子市を代表する名刹寺院となった。境内には長田作左衛門（北条氏照の家臣で、八王子城落城後新しい八王子の宿場開設に尽力した）墓、塩野適斎墓、玉田院墓があり、東京都旧跡に指定されている。

昭和20年8月2日未明、八王子市は米軍爆撃機B29による大空襲を受けた。八王子市街地の約80％が焦土となり、山寺や学校など広い範囲で被害が出た。周辺住民を巻き込んだ人的被害は、死者約4百人、負傷者2千人余といわれる。

この様な状況の中でも、八王子市には多くの貴重な仏像が残されている。八王子市だけではなく、各地に火災や自然災害、廃仏毀釈など数々の苦難を乗り越えて、今に伝わる仏像がある。その中で関東にある寺院に焦点を当て、仏像の魅力を発信するために、『関東にあるお寺と仏像』の本を出版することにした。秘仏とされている仏像も多く、一部のお寺と仏像の紹介に留まるが、多くの人が仏像に興味を持ち、参拝に訪れて頂ければ幸いである。

龍見寺：大日如来坐像
(筆者撮影)

龍見寺：大日如来坐像
(筆者撮影)

横須賀市　横須賀美術館と三浦氏ゆかりの寺院

神奈川県の三浦半島は東京湾と相模湾を隔てている半島で、東端の観音崎は東京湾の南限であり、東の房総半島と共に東京湾を囲んでいる。日本書紀の持統天皇六年五月（692年）には『御浦』と記載され、また東、南東、西の三方が海（浦）に面していることから、三浦と呼ばれたという説がある。

十一世紀から十二世紀にかけて、相模国三浦郡（横須賀市、三浦市、葉山町）を拠点として活動した武士が三浦一族である。桓武天皇（平氏）の皇子の子孫の流れをくむ村岡（三浦）為通が、前九年の役の戦功として1063年にこの地を領して、衣笠城に居したのに始まるとする説が有力である。

県立観音崎公園の豊かな自然に囲まれ、目の前にある東京湾を一望できる場所に、2007年横須賀美術館が開館した。美術品の収集方針は、1.横須賀、三浦半島にゆかりのある作家の作品、2.横須賀、三浦半島を題材とした作品、3.『海』を描いた作品、4.日本の近現代美術を概観できる作品との事である。現在、絵画、彫刻を中心に、約5000点の日本の近現代美術作品を所蔵している。

美術館へは京急線馬堀海岸駅から観音崎行き京急バスで約10分、観音崎京急ホテル・横須賀美術館のバス停で下車するか、浦賀駅から観音崎行き京急バスで約15分、観音崎バス停で下車すると行くことができる。

美術館では2022年7月6日～9月4日まで、『運慶─鎌倉幕府と三浦一族─』特別展が開催されている。展示室は3つに分かれており、展示室1には満昌寺に伝わる三浦義明坐像と大善寺に伝わる天王立像、衣笠城の本丸跡と伝えられる山頂付近から出土した青白磁の蓋物などが展示されている（三浦義明坐像は7月31日まで展示）。

満昌寺は山号を義明山と号する臨済宗建長寺派の寺院である。三浦氏の初代とされる三浦為通から、数えて4代目当主にあたる三浦大介義明を開基として、源頼朝が建立した。

義明は1180年、頼朝が挙兵すると一族挙げてこれに合流すべく衣笠城を出撃する。しかし、大雨による酒匂川の増水に阻まれ立ち往生している間に、石橋山の戦いにおける頼朝の敗戦を聞き、引き返して籠城する。その後、敵方に参加していた畠山重忠率いる軍勢と衣笠城合戦となり、奮戦するも最後は次男義澄以下一族を安房に逃がした後、独り城を守り戦死した。頼朝は義明を弔い、14年後の1194年に満昌寺を建立している。

三浦義明坐像は像高９９．６ｃｍ、寄木造、玉眼で、首、両手先及び両足先が差込みになっている。鎌倉時代の制作で、細面の顔に吊り上がった目、引き締まった口に顎と一体になった髭を蓄えた知的な風貌は、一族の行く末を案じている姿に見える。

大善寺は金峯山不動院大善寺と号する曹洞宗の寺院である。本尊は阿弥陀如来で、木造阿弥陀三尊像は横須賀市の指定有形文化財になっている。今回は、もう一つの指定有形文化財である天王立像（木造伝毘沙門天立像）が展示されている。

天王立像は像高９２ｃｍ、檜の寄木造で、平安時代末期の制作である。両手は失われ、右の顔と頭部の間に大きな亀裂がある。大袖を翻して右腕を振り上げ、左腕を下にして、大きく腰を捻り岩座の上に立っている。中尊寺金色堂の増長天像の形式を踏襲しており、いわき市願成寺白水阿弥陀堂の二天像にも見られる作例との説明書きであった。

展示室２には、浄楽寺に伝わる不動明王立像と毘沙門天立像が展示されている。毘沙門天立像の内部から発見された銘札から、１１８９年に和田義盛（三浦義明の孫）と夫人の小野氏が、運慶一門に造らせたものであることが判明した。不動明王立像は像高１３５．５ｃｍ、毘沙門天立像１４０．５ｃｍ、いずれも檜の寄木造、彩色、玉眼嵌入である。

浄楽寺は金剛山勝長寿院大御堂浄楽寺と号する浄土宗の寺院である。寺伝によると、１

185年に源頼朝が鎌倉大御堂ヶ谷に建立した勝長寿院が、1206年の台風によって破損したため、和田義盛と北条政子によって現在地の横須賀市芦名に移されたとされる。

また、青雲寺の旧本尊である毘沙門天立像は、像高70.7cm、寄木造、彩色、玉眼で、腰をやや捻り、右手に宝鉾、左手に五輪塔を捧げ、邪鬼の上に立っている。頭部の兜が脱着できるようになっており、兜を脱いだ顔は子供のように幼い表情をしている。鎌倉時代前期の慶派の作と見られている。

青雲寺は山号を大富山と号する臨済宗円覚寺派の寺院である。1104年に三浦義継が父為継の菩提を弔うために創建した。毘沙門天立像のほか、国指定重要文化財である木造観音菩薩（滝見観音）や地蔵菩薩坐像を祀っている。

次の間には満願寺に伝わる観音菩薩立像、地蔵菩薩立像、不動明王立像、毘沙門天立像が並んでいる。観音菩薩立像は像高226.3cm、地蔵菩薩立像203cmで、いずれも檜の寄木造、玉眼である。鎌倉時代初期の運慶工房による制作、あるいは運慶の影響を受けた鎌倉地方仏師の作といわれている。毘沙門天立像、不動明王立像の像高は、いずれも163cm、寄木造、玉眼である。

更に次の間には、曹源寺に伝来した十二神将立像が横一列に展示されている。十二躰全てが揃っており、像高は70cm~90cm程度、檜の寄木造、玉眼である。像内から発見された文書により、建久年間（1190年~1199年）に制作されたとされる。横浜市金沢区の太寧寺に伝来した十二神将像や、鎌倉国宝館像の形式とよく似ており、制作時期から運慶工房または慶派の仏師によって制作された可能性が高いとされている。

満願寺は山号を岩戸山と号する臨済宗建長寺派の寺院であり、鎌倉時代初期に三浦義明の子、佐原義連が創建した。義連は1184年の一ノ谷の戦いにおいて、源義経率いる搦手軍に属し、鵯越の逆落としで真っ先に駆け下りた武勇が平家物語に描かれている。

曹源寺は山号を東光山と号する曹洞宗の寺院である。神奈川県立横須賀高校近くの公郷町の高台にあり、山門の階段を上ると本堂がある。奈良時代末期に建てられ、多くの伽藍を擁した大寺院、宗元寺の別院であった薬師堂跡に再建されたもので、その時に曹源寺に改められた。

展示室3は運慶後の仏像ということで、常福寺に伝わる不動明王立像及び両脇侍立像が展示されている。不動明王立像は像高49．5cm、制吒迦童子像25cm、矜羯羅童子像24．2cm、いずれも木造、彩色、玉眼で、鎌倉時代中期の制作である。

また、無量寺に伝わる聖観音菩薩坐像は、像高62cm、檜の寄木造で、白毫と玉眼に水晶を嵌め込んでいる。肉身部は漆箔、着衣部は褐色漆塗で、制作年代は鎌倉時代前・中期とみられる（聖観音菩薩坐像は7月31日まで展示）。

常福寺は浦賀駅から浦賀道路沿いに歩いて10分程の所にある浄土宗の寺院である。文明年間（1469年～1486年）に、浄土宗大本山鎌倉光明寺の第六世順挙了恵大僧正の弟子の圓蓮社教譽（えんれんしゃきょうよ）上人が創建した。放光山延寿院常福寺と号し、1720年浦賀奉行が設置された際には幕府の御用寺院の役割を担っていた。

無量寺は山号を金剛山と号する浄土宗の寺院で、和田義盛が『三浦七阿弥陀堂』の第3番として1189年に建立した。創建当時は運慶作の阿弥陀如来像が祀られていたが、1669年の火災により焼失した。

その他、鎌倉市二階堂にある永福寺跡（ようふくじあと）からの出土品が注目される。永福寺は頼朝が、1189年の奥州合戦で亡くなった弟の義経や、奥州平泉の藤原泰衡らの霊を供養するために建立した寺院である。中尊寺の二階大堂大長寿院を模したもので、鶴岡八幡宮、勝長寿院と並んで、当時の鎌倉の三大寺社の一つであった。

多数の瓦の他に、仏像の断片や仏像の装身具の一部が出土しており、金具類は運慶工房作の愛知県瀧山寺の諸尊像や、満願寺の観音菩薩像の装飾金具と同一工房のものと推定されている。また、満願寺の発掘調査では、永福寺跡や鶴岡八幡宮寺跡から出土した瓦と同じ窯で生産された瓦が発見された。このことは、満願寺の造営、造仏に、鎌倉幕府が直接関与していたことが想定される。

今回の『運慶―鎌倉幕府と三浦一族―』特別展は、運慶工房と三浦一族の寺院に伝わる仏像などを通して、運慶と鎌倉幕府との係わりを紐解く貴重な展覧会であった。

静岡県　北條寺、かんなみ仏の里美術館

韮山を訪問するのは二度目である。東海道本線の三島駅から伊豆箱根鉄道に乗り換えると、20分程で韮山駅に着く。韮山駅は静岡県伊豆の国市にあり、明治33年に北條駅として開業した。静岡県伊豆の国市にある北條寺と、『関東にあるお寺と仏像』の標題は整合しないが、北條寺が鎌倉幕府第2代執権北条義時の創建した寺であり、鎌倉と関係が深いことから本稿に含めることにした。

2022年のNHK大河ドラマ『鎌倉殿の13人』の放送を機に、韮山駅に隣接する韮山時代劇場内に、伊豆の国大河ドラマ館が開館している。また、近々撮影が予定されているようで、武士役、庶民役として、エキストラの募集が行われていた。伊豆の国市を挙げて大河ドラマを応援しており、歴史散策マップや、中世の歴史を紹介する冊子などが作られている。

韮山駅から西に進み、下田街道を北上し、立体交差している松原橋を渡り、狩野川を越えて行く。ガソリンスタンドを左折すると右手に江間公園が広がる。江間公園は北条義時

の館があった場所で、公園の北側には『北條義時（江間小四郎義時）屋敷跡　江間村尋常高等小學校跡』の石碑が立っている。

北条義時は時政の次男として１１６３年伊豆国に生まれる。長男の宗時が石橋山の合戦で戦死したことから、実質的な長男として時政と共に源頼朝の挙兵から源平合戦、奥州攻めに参戦し、幕府の創立を支えた。

江間公園の先を右折すると突き当りに北條寺がある。北條寺は山号を巨徳山と号する臨済宗建長寺派の寺院である。平安時代末期に、義時が嫡子安千代の菩提を弔うべく創建した寺と伝えられる。

山門の横にある受付で拝観料を支払い、境内に入ると正面に本堂がある。本堂は１９７０年代に再建されたもので、比較的新しい。正面には本尊の木造観世音菩薩坐像が祀られている。像高は４７．７ｃｍ、カツラの寄木造で、鎌倉時代末から南北朝時代の制作とされる。面長の顔に髻を高く結び、独特の座り方（遊戯坐像）をしている姿は中国・宋様式といわれ、鎌倉仏師に作例が多いそうである。寺伝によると、本像は智証大師円珍が唐から請来したインドの像で、鎌倉極楽寺にあったものを北条政子が奉納したという。

向かって右隣に祀られている木造阿弥陀如来坐像は、像高６６．７ｃｍ、檜の寄木造、玉眼で、鎌倉時代前期に制作されたと考えられている。若々しく張りのある顔、写実的な衣文や造形などに、慶派の特徴がよく表れているそうである。また隣の部屋には、本尊を祀る須弥壇の前面に懸ける、牡丹鳥獣文繍帳が展示されている。絹地に鳥獣や植物を刺繍で生き生きと表現し、麻布で裏打ち、補強している。室町時代から安土桃山時代のものとされている。

本堂の南側は墓地になっており、墓地の奥に『義時公の墓道』と書かれた石段がある。石段を上った先には義時の墓（供養塔）があり、後妻となった伊賀守藤原朝光の娘伊賀の方と共に、生まれ育った土地を静かに見守っている。

北條寺から韮山駅に戻り、再び伊豆箱根鉄道に乗る。三島広小路駅で電車を降り、鎌倉古道に出て、そこから源兵衛川を眺めながら三島駅を目指して歩いて行く。暑い日ではあったが、束の間の涼を感じることができる。

三島駅から東京方面に1駅戻ると函南駅に着く。駅からは西に向かって坂道を下り、来光川を渡ったところで、だらだらとした坂道を上っていく。東海道本線と東海道新幹線の線路を潜り、30分程歩いた山の中腹にかんなみ仏の里美術館がある。

函南町桑原地区に点在していた仏像群（平安時代の薬師如来像や鎌倉時代の阿弥陀三尊

像など全二十四体）は、明治30年代に長源寺の裏山に建てられた薬師堂（桑原薬師堂）に安置されてきた。平成20年3月に、桑原薬師堂の二十四体の仏像群が桑原区から函南町に寄付され、これらの貴重な文化財を後世に保存継承すべく、平成24年4月、かんなみ仏の里美術館が開館した。慶派仏師実慶の制作した仏像を展示する、国内唯一の仏像美術館である。

美術館は仏像展示室と資料展示室の2つのエリアに分かれている。どちらから先に見学しても良いが、資料展示室ではボランティアの方が、展示されている仏像の特徴や時代背景などを分かり易く説明してくれるので、説明を聞くとより深く仏像鑑賞ができる。

仏像展示室は照明を暗くしてあるので、目が慣れるまで少し時間が掛かる。今回、北条時政が石橋山合戦で戦死した嫡男宗時の慰霊のため、慶派の仏師実慶に造像させたと伝わる阿弥陀如来及び両脇侍像（阿弥陀三尊像）は不在であった。鎌倉国宝館の特別展『北条氏展　北条義時とその時代―義時と頼朝・頼家―』に出展のためだそうである。主役が不在のため、ご丁寧にも次回の無料招待券を頂いたが、どうやら鎌倉国宝館に行った方が早い様である。

入口の左側には、平安時代の制作とされる聖観音像と地蔵菩薩像が展示されている。どちらも一木割矧造で、一対で作られたものと考えられている。また、毘沙門天像も一木割矧造で、動きも少なく温和な表情から、平安時代後期の制作と考えられている。

十二神将立像の前には薬師如来坐像が展示されている。像高110cm、カヤ材の一木割矧造で、頭部は耳の後ろで割離し内刳を施し、体幹部は背中と像底から内刳を施している。ふくよかな顔立ちや重量感のある体躯、衣紋の表現などから、平安時代中期の制作と推定されている。

十二神将立像は平安時代の制作であるが、時代の変遷と共に傷んだり壊れたりしたときに造り直された。現在展示されている像は、平安時代、鎌倉時代、南北朝時代末から室町時代初期、江戸時代初期に制作された像で構成されている。像高は91．5cm～105．4cm、檜の一木割矧造（未神将像を除く）、玉眼で、兜の上に対応する十二支の細工が施されている。

美術館を出て、函南駅まで来た道を戻る。帰りは下り坂なので行きよりは速く歩ける。今回、実慶作の阿弥陀三尊像を拝観することが出来ず非常に残念であったが、気持ちは早くも鎌倉国宝館に飛んでいた。

（後日談）

鎌倉国宝館では7月2日～8月21日までの期間、『北条氏展　北条義時とその時代―義時と頼朝・頼家―』が開催されている。源頼朝から頼家までの時代には、都の仏師や絵師が鎌倉に下向し、鎌倉殿や北条氏ら御家人の依頼に応じて、仏像や絵画を制作していた。『北条氏展』の鎌倉殿と仏像のコーナーには、この時期（鎌倉前期）に制作された仏像として、かんなみ仏の里美術館の阿弥陀如来及び両脇侍像が展示されている。

阿弥陀如来及び両脇侍像は展示室のほぼ中央のガラスケースに安置されている。中尊の阿弥陀如来坐像は、像高89．1cm、檜材の一木割矧造で、内刳を施している。割首とし、玉眼、表面は漆箔で仕上げている。向かって右脇侍の観音菩薩立像は、像高106．1cm、左脇侍の勢至菩薩立像107．2cm、いずれも檜の割矧造、玉眼、漆箔仕上げである。中尊と両脇侍の像内に仏師実慶の作者銘が記されている。

実慶は1183年の『運慶願経』に快慶らと共に結縁した仏師で、康慶の弟子であり、運慶とは同年代と推測されている。国指定文化財等データベースの解説文によると、「そのはつらつとした作風には、鎌倉時代初期のいわゆる慶派の特色が顕著に示されている。中尊像の頬が張り、口角を引き締めて強い眼差しで前方を凝視する若々しい面貌表現は、運慶作の神奈川・浄楽寺阿弥陀如来坐像に類するが、やや細身で胴の締まった体型や、ふくらみをもたせた地髪部の形状などは、同じく運慶の主宰した興福寺北円堂弥勒仏に一歩近づいた感がある。その制作年代は十二世紀末から十三世紀初頭にかけてと見られる」との事である（句読点筆者加筆）。

実慶作の仏像はもう一体、静岡県修善寺の大日如来坐像が展示されている。像高は１００．５ｃｍ、檜の寄木造、玉眼、漆箔仕上げである。像内に「承元四年（１２１０年）８月、大仏師実慶作」の墨書銘がある。引き締まった男性的な面貌、分厚く肉付けされた体躯や力強い両腕の構えなどは、運慶作の諸像と共通するところがある。

この他にも、神奈川県藤沢市養命寺の薬師如来及び両脇侍像、静岡県熱海市伊豆山神社の菩薩坐像などが展示されており、多くの貴重な仏像を拝観することができた。

鎌倉市　円覚寺、東慶寺、浄智寺と建長寺

ＪＲ北鎌倉駅を降りると直ぐに円覚寺の総門があるため、今までほとんど気に懸けなかったが、線路を挟んだ反対側に池がある。県道横浜鎌倉線から総門へと続く参道の両側にあるこの池は白鷺池と呼ばれ、円覚寺開山の無学祖元が、白鷺に姿を変えた鶴岡八幡宮の神霊に導かれた場所と伝えられている。

円覚寺（正式名称は円覚興聖禅寺）は山号を瑞鹿山と号する臨済宗円覚寺派の大本山である。元寇の戦没者を追悼するために、鎌倉幕府第8代執権北条時宗が、中国・宋より招いた無学祖元によって1282年に創建された。総門へと上る階段の先に受付があり、拝観料を支払う。総門の前方には更に階段があり、階段を上った所に山門がある。

山門は三解脱門（空解脱・無相解脱・無願解脱）を象徴するといわれ、煩悩を取り払い清浄な気持ちで仏殿の本尊をお参りしなければならないとされる。現在の山門は、1785年の開山五百年遠諱の年に、大用国師（誠拙周樗）によって再建されたものである。桁行三間、梁間二間の入母屋造りで禅宗様、楼上には十一面観音、十二神将、十六羅漢がお

祀りされている。

山門の正面には仏殿があり、本尊の宝冠釈迦如来坐像が祀られている。本尊は1282年、仏殿開堂の際に安置されたが、1563年の大火により焼失、顔（頭部）だけが救出された。その後、江戸時代1625年に、仏殿が再建される際に体部が補造された。

宝冠釈迦如来は華厳経における毘盧遮那仏である。臨済宗は華厳経から多くの影響を受けており、この世界すべてが毘盧遮那仏の現れであり、この世界は毘盧遮那仏の光明の中で一人ひとり、一つ一つが光っているというのが華厳の教えである。無学祖元はこの華厳経の教えを、円覚寺において具現化したかったと思われる。

宝冠釈迦如来坐像は像高260cm、脇侍として向かって右に梵天立像、左に帝釈天立像が祀られている。両脇侍は、1625年に仏殿が再建された時に祀られたが、制作は南北朝時代との事である。

中尊の釈迦如来は精悍で威厳に満ちた顔をしており、宝冠を被り装飾を身に着けている。如来像は通常は装飾を施さないが、毘盧遮那仏は全宇宙の根本仏とされているので、唯一無二の如来という意味で宝冠を身に着けているものと思われる。

仏殿のすぐ横に選仏場という修行僧の座禅道場がある。創建当時の選仏場は焼失してしまったが、1699年に経典を収蔵する蔵殿と座禅道場を兼ねた現在の選仏場が建立された。その後、座禅道場は正続院に移り、選仏場には薬師如来立像が祀られた。像高160.6cm、南北朝時代の制作である。

選仏場から方丈を通って、奥にある舎利殿に進む。舎利殿は神奈川県で唯一の国宝建築物で、塔頭の正続院の中にある。門前の石柱に刻まれた文字から、源実朝が宋の能仁寺から譲り受けた釈迦の歯が納められていることが分かる。入母屋造り柿葺きで、桁行三間、梁間三間の禅宗様の建物である。

円覚寺にはもう一つ国宝がある。北条時宗の子、第9代執権貞時が1301年に物部国光に作らせ、寄進した梵鐘である。鎌倉で一番大きい梵鐘で、鎌倉三名鐘の一つになっている。浴室跡近くにある、弁天堂へと続く階段を上った所にある。階段を見上げると一瞬躊躇するが、『歩歩起清風』の精神で是非上って頂きたい。

円覚寺を出て、県道を鎌倉駅方面に向かって歩くと東慶寺の山門がある。東慶寺は山号を松岡山と号する臨済宗円覚寺派の寺院である。北条時宗の正室であり、貞時の母である覚山志道尼が、時宗が没した翌年の1285年に創建した。

東慶寺は縁切り寺といわれ、妻から離婚することができなかった時代に、夫との離縁をするために妻が駆け込んだ寺であった。妻が3年間寺に奉公することで離婚が成立する。この縁切り寺法を定めたのが覚山尼であり、明治時代になって女性の離婚請求権が認められるまで、多くの女性を救ってきた。

東慶寺の本尊は釈迦如来坐像で、像高91cm、寄木造、玉眼である。頭部内面に墨書銘があり、1518年6月、仏師弘円が面部を彩色し、左の玉眼を入れたこと、1671年に仏師加賀が補修したことが分かる。釈迦如来の顔は凛々しく、衣紋は膝の部分は縦の線、腹部は三日月線と印象的である。螺髪及び袈裟が白く、暗い堂内では白いお釈迦様といった印象である。

釈迦如来坐像を拝観していると、水月堂から住職が合図をしてくれた。今日は18日の観音縁日で、水月観音が御開帳される日である。水月堂の中に入ると、部屋の奥に水月観音坐像が祀られている。像高は34cm、木造、彩色、玉眼で、鎌倉時代十三世紀の制作である。岩座にもたれ、ゆったりと寛いだ姿で水面に映る月を眺めている。東慶寺に駆け込んだ女性たちは水月観音の優美な姿に癒され、心が解放され、新たに縁を結ぶパワーをもらったのかも知れない。

水月堂の隣にある松岡宝蔵は、東慶寺の寺宝を展示する宝物館で、聖観音菩薩立像が祀られている。元は鎌倉市西御門にあった太平寺の本尊であったが、1556年の里見義弘による鎌倉攻撃の時、太平寺の住持であった青岳尼（しょうがくに）を還俗させ、安房国に連れ帰った際に奪い去られた。その後、太平寺は廃寺となったが、東慶寺の要山尼が里見氏から本尊を取り返し、東慶寺の泰平殿にお祀りした。

聖観音菩薩立像は像高134．5cm、寄木造、玉眼で、彩色土紋が施されている。土紋とは、粘土を型押しした文様片を仏像の衣に貼り付けて、植物、輪宝などの文様を浮彫の様に表す、鎌倉地方の仏像に特有の装飾技法である。

東慶寺を出て、横須賀線の踏切手前の道を右折すると、浄智寺の総門が見える。総門には無学祖元の筆とされる『寶所在近』と書かれた扁額がある。深い木々に囲まれ、苔むした参道の階段は、ここから先は神聖な場所であるという雰囲気に包まれている。

浄智寺は山号を金宝山と号する臨済宗円覚寺派の寺院である。鎌倉幕府第5代執権北条時頼の三男宗政の菩提を弔うために、1281年に創建された。開山は南宋の兀庵普寧（ごったんふねい）と大休正念（だいきゅうしょうねん）で、南州宏海（なんしゅうこうかい）が準開山として名を連ねる。

山門（鐘楼門）の手前にある受付で拝観料を支払う。鐘楼門は唐様の鐘つき堂を兼ねた門で、１階が山門になっていて、２階には梵鐘が吊り下げられている。鐘楼門の先には本堂の曇華殿がある。

曇華殿の本尊は三世仏坐像である。向かって左から阿弥陀、釈迦、弥勒の各如来で、過去、現在、未来の時を象徴している。像高は阿弥陀如来１００．３ｃｍ、釈迦如来９５ｃｍ、弥勒如来９８．８ｃｍ、寄木造、玉眼である。南北朝時代の大火により本尊は焼失してしまったが、十五世紀半頃に再建された。衣の裾を台座から下に垂らした様式（裳懸座）は、中国・宋風の様式といわれている。

浄智寺を出て、県道を鎌倉駅方面に向かって更に歩いて行くと、建長寺の総門に着く。建長寺（正式名称は建長興国禅寺）は山号を巨福山と号する臨済宗建長寺派の大本山である。１２５３年、第５代執権北条時頼によって創建された我が国最初の禅寺である。開山は南宋の禅僧蘭渓道隆で、第二世は兀庵普寧である。

創建当時の伽藍配置は、中国・宋時代の禅宗寺院を模したもので、総門～三門～仏殿～法堂～方丈など主要な建物が直線上に並び、庫院と座禅堂とが三門から仏堂に達する廻廊の左右に配されていた。その後、度重なる火災により古い建物は焼失してしまったが、江戸時代になり、徳川幕府の保護により五山第一の寺格に相応しい景観が保たれた。

山門は1775年、万拙碩誼（ばんせつせきぎ）が関東一円から浄財を募って再建したものである。禅宗様を基調とした三間一戸の二重門で、楼上には釈迦如来、十六羅漢、五百羅漢が安置されている。

仏殿は芝の増上寺にあった徳川秀忠夫人崇源院（お江の方）の御霊屋を、1647年に建長寺が譲り受けたものである。本尊の地蔵菩薩坐像は、像高240cm、寄木造、玉眼で、室町時代の制作である。右手に錫杖、左手に宝珠を持ち、蓮華座に坐っている。衣の裾は台座の下に垂らしている。

台座を含めると5mにもなる地蔵菩薩坐像は、見た瞬間に圧倒される。禅寺の本尊は釈迦如来が多いが、建長寺の境内がある谷は、元は地獄ヶ谷と呼ばれる処刑場で、地蔵菩薩を本尊とする寺院が立っていたことから、地蔵菩薩を本尊としたといわれている。

法堂は住職が須弥壇上で説法をするためのお堂であったが、現在は千手観音菩薩、釈迦苦行像をお祀りしている。木造建築では関東最大級の法堂で、1814年に建長寺派の寺院により再建された。

千手観音菩薩坐像は病に倒れた時頼の回復を願って作られたといわれている。また、釈迦苦行像は、極限の苦行・禁欲を行っている姿を表したもので、あばら骨が見え、腕は細く、お腹は抉れた様にへこんでいる。パキスタン北西部のガンダーラ文明の遺産である像を基に制作され、建長寺に寄贈された。

方丈は竜王殿とも呼ばれ、現在は法要、座禅、研修の場所となっている。建物は総門と同じく、京都の般舟三昧院より昭和15年に移築された。裏の池泉庭園は蘭渓道隆の作庭によるもので、欄干の椅子に腰かけて見ていると、いつまでも飽きることがない。唐門は方丈の正門で、仏殿と同様、1647年に崇源院御霊屋の唐門を移築したものである。

北鎌倉は山内荘と呼ばれ、源頼朝が挙兵したときは山内経俊の所領であった。その後、1213年の和田合戦の後北条義時の預かりとなり、以後北条得宗家の所領となった。北鎌倉には鎌倉五山第一位の建長寺、第四位の浄智寺、第二位の円覚寺が次々に建立されて、北条政権が栄華を誇った名残を今に伝えている。

東慶寺：水月観音像（東慶寺提供）

日野市　金剛寺、安養寺

京王線高幡不動駅南口のエスカレータを降りると、高幡不動尊参道入口がある。飲食店が多く並ぶ参道を進み、川崎街道を渡ると仁王門がある。『高幡のお不動さん』と呼ばれて親しまれている高幡不動尊は、高幡山明王院金剛寺と号する真言宗智山派の別格本山の寺院である。平安時代初期に慈覚大師円仁が、清和天皇の勅願によって東関鎮護の霊場と定め、山中に不動堂を建立し、不動明王を安置したのが始まりとされている。

仁王門は当初楼門として建立されたが、途中変更され、楼上の主要部を覆う形で切妻の屋根が掛けられた。そのため外観は単層であったが、昭和34年に楼門として復元され、屋根も銅板葺きに変えられた。仁王門を守護する一対の金剛力士像と共に室町時代の制作である。

仁王門の正面に建つ不動堂は、1342年に山中より移築したもので、東京都で一番古い文化財建造物である。桁行五間、梁間五間の入母屋造り、銅板葺きである。堂内に祀られている新丈六不動明王像は、丈六不動三尊像修復作業の際に不動明王像が不在となることから、平成９年に京仏師北宗俊によって新たに作られたものである。

　丈六不動三尊像は、不動堂の後ろに建つ奥殿（宝物館）に安置されている。受付で拝観料を支払い、奥殿の中に入って行く。奥殿は中が広く、大日如来坐像、曼荼羅、鰐口、不動明王像内文書など、様々な文化財、寺宝が展示されている。

　不動明王坐像は像高２８５．８ｃｍ、頭部と体部は檜、膝の部分はカヤの寄木造、平安時代後期の制作である。平成９年から行われた修復作業で、南北朝期に変更した部分も大方造立時の姿に戻されたが、１３３５年の大風の被害が大きかった胸部と腹部は、南北朝期の修理が尊重された。不動明王像の前に立つと、その威風堂々とした姿に圧倒され、上から見下ろされると、全てを見透かされているような気になってくる。向かって右に立つ矜羯羅童子像は、像高１９３．２ｃｍ、左の制咜迦童子像２３０．４ｃｍで、いずれも平安時代後期の制作である。

　矜羯羅童子は不動明王を見上げて合掌し、制咜迦童子は右手に金剛棒、左手に金剛杵を持ち、正面を見据えて澄ましている。中尊の不動明王像は正統的な作風を示すが、両童子像はユーモラスな姿態で、地方的な味わいがあるとの事である。丈六不動三尊像は関東唯一の平安時代の巨像で、古来日本一の不動三尊と讃えられてきた。三尊に火炎光背を加えた総重量は１１００キロを超えるという。

奥殿から山門の階段を上って奥に進むと、高幡山の総本堂の大日堂がある。１７７９年の大火で焼失したが、昭和５７年から5年の歳月をかけて改修工事が行われた。新堂は鎌倉時代様式で入母屋造り、本瓦葺き、内陣は総漆仕上げで尾州檜が使われている。堂内には、平安時代制作の大日如来像が安置されていたが、現在は奥殿に遷されている。

大玄関で拝観料を支払い、大日堂の中に入って行く。外陣天井に描かれた墨絵の裸龍は鳴り龍と呼ばれ、龍の下で手を打つと振動音を発し願いが叶うと伝えられる。江戸時代の掛川藩お抱え絵師、中村岳蓮の筆によるものである。

大日堂を出て、聖天堂、大師堂、虚空蔵院、五重塔を回り、新選組副長土方歳三の像まで戻ってくる。高幡不動尊は土方歳三の菩提寺であり、土方歳三をはじめ新選組隊士の位牌が祀られている。

高幡不動駅に戻り、駅ビルを反対方向に進むと、多摩都市モノレールの高幡不動駅に直結している。モノレールに乗り立川方面に向かって1駅、浅川を渡ると万願寺駅があり、駅から西に６００ｍ程歩くと万願寺公園に接して安養寺がある。

安養寺は田村山極楽院安養寺と号する真言宗智山派の寺院で、高幡不動尊の末寺である。『田村』というのは、かつての日野市下田地区のことで、居館を構えていた武蔵の武士団田村氏に由来する。田村氏は平安時代から戦国時代にかけて、武蔵国西部多摩川流域を地盤とした西党の一族で、武蔵守日奉（ひまつり）宗頼を祖とする。開基は小田原城の御殿医であった田村安栖といわれ、本堂は田村氏の書院をもとに、旧万願寺御堂内陣の一部を寄棟造りとして建立したと伝わっている。

事前に拝観のお願いをしていたので、伺うと直ぐに住職が出てきてくれた。本堂の北側に隣接する庫裏から本堂の中に入る。外陣で住職の説明を聞いた後に、内陣まで進み間近に仏像を拝観させて頂いた。

本堂内陣の奥には本尊阿弥陀三尊像が祀られている。中尊の阿弥陀如来像は、像高９０ｃｍ、檜の寄木造、漆塗りで、金箔が所々に残っている。慈悲に満ちた安心感のある顔で、胸が厚く、どっしりと安定した姿で来迎印を結んでいる。衣紋は襞が浅く自然な感じで流している。補修は殆ど無く、関東の寄木造の最も古い様式を示し、十一世紀後半に制作されたと考えられている。向かって右脇侍の観音菩薩像は蓮華を捧げ、左脇侍の勢至菩薩像は合掌する来迎形式の姿をしている。どちらも十八世紀前半の制作で、檜の寄木造、漆塗り、金箔である。

須弥壇の観音菩薩像の後ろには毘沙門天像が安置されている。右手に戟を持ち、左手に宝塔を掲げている。像高132cm、檜の寄木造、彫眼、引き締まった力強い表情で、足元の邪気を踏みつけている。藤原時代末期の特色をよく示した仏像である。

この他にも、安養寺には大日如来立像、大日如来坐像、薬師如来坐像、阿弥陀如来立像など様々な仏像が安置されている。東京文化財ウィークなどを通して、もっと身近に仏像を拝観できることを願いながら、万願寺駅からモノレールに乗り多摩川を渡った。

横浜市　遍照寺、證菩提寺、寶生寺と神奈川県歴史博物館

9月も中旬になると朝晩は随分涼しくなってくるが、日中は相変わらず暑い日が続く。これからの季節、秘仏を特別公開するお寺も多いので、仏像好きには忙しい季節となる。京都、奈良の仏像の特別公開にはまだ少し早いので、横浜市内の寺院を巡り、仏像を拝観させて頂くことにした。

横須賀線を保土ヶ谷駅で降り、駅前のロータリーを抜けると旧東海道に出る。この辺りはかつて保土ヶ谷宿のあった場所で、問屋場跡、高札場跡、金沢横町道標、本陣跡などがその名残を今に伝えている。また、周辺には寺院も多く立ち並んでいる。そんなお寺の一つ、旧東海道から学園通りに入った所にあるのが遍照寺である。

高野山真言宗の遍照寺は医王山延壽院と号する。876年に眞雅僧正が開山し、慶興法印が1618年に峰岡から当地に移し中興した、あるいは、1633年僧賢海が当寺を中興したとも伝えられる。旧本堂は1790年に建立されたが、関東大震災で倒壊、その後古材を利用して現本堂が建てられた。間口八間、奥行き四間半、屋根は寄棟造りの銅板一

文字葺きである。

事前に拝観のお願いをしてあったので、訪問すると直ぐに住職が出てきて、本堂内陣まで案内してくれた。案内が終わると、「拝観が終わったら声を掛けて下さい」と言って本堂から出て行かれた。一人にして大丈夫？とは思ったが、おかげ様で心行くまでじっくりと仏像を拝観することができた。

本尊薬師如来坐像は像高８５．４ｃｍ、檜の寄木造、玉眼で、肉身部漆箔、着衣部古色仕上げである。鎌倉時代の制作で横浜市指定文化財になっている。横浜市教育委員会の説明書によると、「この像は、量感に富み、目鼻立ちの整った面部は張りが強く、運慶の作風を継承していますが、面長の顔だちや左肩に大きな折返しをつくった着衣の形式に、宋元風の影響も認められます。市内に伝わる当代の彫刻の中では屈指の佳作で、遍照寺の本尊です。」との事である。

右手は施無畏印を結び、左手には薬壺を載せている。眼は半眼ではなく普通の大きさなので、人間味のある顔をしている。人々としっかりと向き合って病を治し、苦しみを取り除こうとする意志の強さが感じられる。脇侍の日光菩薩・月光菩薩はおらず、向かって右には弘法大師像、左には不動三尊像が祀られている。本尊と不動三尊像の前方には、赤ちゃんを抱いた観音菩薩像が祀られている。

拝観が終わった後で住職に謝意を伝え、次の目的地證菩提寺に向かう。保土ヶ谷駅から横須賀線で大船駅まで行き、京浜東北線に乗り換え港南台駅で降りる。港南台駅から上郷ネオポリス行きのバスに乗り、稲荷森で降りて川を渡ると證菩提寺がある。

證菩提寺は五峯山一心院と号する高野山真言宗の寺院である。1180年石橋山の戦いで、源頼朝の身代りとなって討死した左那田与一義忠の菩提を弔うため、頼朝によって1197年に創建されたと伝えられる。『證菩提』は義忠の父岡崎義実の法名である。

山門を潜ると正面に鎌倉時代建立の本堂が見え、左手に堂宇、右手には収蔵庫が建っている。境内を散策していたら、予約時間前に住職が庫裏から出て来てくれた。慌てて挨拶し拝観をお願いする。

収蔵庫の扉が開かれると、そこには阿弥陀三尊像が安置されている。中尊の阿弥陀如来坐像は、像高112.9cm、檜の寄木造、彫眼で、平安時代1175年頃の制作である。以前定朝様とはよく言ったもので、宇治の平等院の阿弥陀如来坐像に雰囲気が似ている。以前どこかでお会いしたなと思ったら、2021年1月23日から開催された、横浜市歴史博物館の『横浜の仏像』特別展で拝観させて頂いた仏像だった。

脇侍は向かって右に観音菩薩立像、左に勢至菩薩立像で、像高はどちらも105cm、檜の寄木造、彫眼である。中尊は阿弥陀定印を結び、観音菩薩は両手で蓮の台座を持ち、勢至菩薩は合掌する来迎形式の阿弥陀三尊像である。

阿弥陀三尊像は国の重要文化財に指定されているが、證菩提寺にはもう一体、神奈川県の重要文化財に指定されている仏像がある。それは本堂の本尊、木造阿弥陀如来坐像である。像高84cm、檜の寄木造、玉眼で、鎌倉時代の制作である。須弥壇上に、南北朝時代に制作された銅像聖観音菩薩坐像（像高31．9cm）と共に祀られている。

きりっとした眼の印象からか、同じ阿弥陀如来でも定朝様の仏像とは違い、若々しい感じがする。優しい顔で安心感を与えるというよりは、凛々しい顔で安心感を与える仏像である。創建当時から本尊として祀られていたかは不明であるが、鎌倉初期の運慶系統の仏師によって制作されたといわれている。

住職に拝観の謝意を述べ、次の目的地である寶生寺に向かう。港南台駅に戻り、京浜東北線で関内駅へ、関内駅からは横浜地下鉄ブルーラインに乗り蒔田駅で降りる。駅から東に向かって15分程歩くと道標があり、その先の石段を上った所に寶生寺の山門がある。

寶生寺は青龍山宝金剛院寶生寺と号する高野山真言宗の寺院である。1171年に法印覺清が開山し、1409年覺尊の代に、京都仁和寺の門主の命により寶金剛院を院号としたと伝えられる。本堂は桁行五間、梁間五間、一重の方形造りで、屋根の上に宝珠が載っている。元は灌頂堂で、1680年に建立されたものである。

本尊は大日如来坐像であるが、お寺に祀られているのはレプリカで、本物は神奈川県歴史博物館に寄託されている。外陣から拝観させて頂いたので、遠目には本物かどうかの判別がつかない。本尊に向かって右に不動明王像、左には弘法大師像が祀られている。

本物の大日如来像を拝観するために、神奈川県歴史博物館に向かう。再び関内駅で降りると、駅から歩いて5分程の所に博物館がある。博物館の建物は、旧横浜正金銀行の本店として1904年に建てられた旧館部分と、開館にあたり1967年に増築された新館部分から成っている。総合博物館であった県立博物館の人文系部門を母体に、1995年3月に開館した。自然科学系部門は小田原に移転し、神奈川県立生命の星・地球博物館として開館している。

拝観料を支払い、エスカレータで3階の展示室に行く。展示室はテーマ1古代と、テーマ2中世の展示に分かれている。中世については、鎌倉幕府の始まりから幕府滅亡後の鎌倉府、戦国期に小田原を拠点に関東南半を制圧した後北条氏の滅亡まで、400年にわたる武家政治の変遷を軸にした展示が行われている。その中で、都市鎌倉の庶民の生活や、禅宗、浄土宗、日蓮宗、律宗など、仏教各宗派の新しい動きや、人々の篤い信仰の様子を紹介する資料の一つとして、寶生寺の大日如来坐像が展示されている。

寶生寺の大日如来坐像は、像高104.5cm、寄木造、玉眼で、十四世紀鎌倉時代の制作である。中肉の安定感のある体躯に引き締まった顔で、智拳印を結んでいる。頭には大きな宝冠を被り、宝冠には何体かの化仏が付いている。1601年に鎌倉覚園寺塔頭から遷されたとされる。

この他にも、横浜市保木薬師堂の薬師如来坐像（像高85.2cm、檜の寄木造）や、根津美術館の勢至菩薩立像とペアであったことが最近判明した、善光寺式阿弥陀三尊の観音菩薩立像（像高32.3cm、銅造）が展示されている。どちらも鎌倉時代の制作で見ごたえがあり、横浜市の仏像巡りの締め括りに相応しい仏像であった。

川崎市　影向寺、稲城市　常楽寺、妙見寺と高勝寺

「暑さ寒さも彼岸まで」とはよく言ったもので、お彼岸に入ってからは随分過ごしやすくなってきた。今日は彼岸の中日なので、仏像を公開する寺院も多いと聞き、早速訪ねてみることにした。台風15号の影響で天気予報は午前中雨であったが、何とか持ちそうな雲行きである。

武蔵小杉駅から鷺沼駅行きのバスに乗り、影向寺のバス停で降りる。そこから坂道を上り、7分~8分歩いた所に影向寺がある。影向寺は威徳山月光院影向寺と号する天台宗の寺院である。縁起によると、710年聖武天皇の勅願により、行基が建立したと伝えられるが、近年の発掘調査の結果、創建の年代が白鳳時代末期（7世紀末）まで遡ることが明らかとなった。

山門には一対の仁王像が守護している。迫力のある仁王像であるがまだ新しく、2018年に檀家の寄付によって安置したものである。境内に入ると正面に本堂の薬師堂が建っている。薬師堂は方五間、屋根は寄棟造りの銅板葺き、正面一間に銅板瓦棒葺きの向拝を

付けている。本尊は木造薬師如来坐像及び両脇侍立像で、安置堂に安置されている。

中尊の薬師如来坐像は、像高139cm、ケヤキの一木造、彫眼である。丸みを帯びた身体は安定感があり、施無畏印を結ぶ手が大きく顔も素朴な感じがする。定朝様の一時代前の仏像という印象である。わずかに微笑を湛えた表情や、浅く穏やかに流れる衣文などが、藤原時代の作風と共通するそうである。脇侍の日光菩薩・月光菩薩立像はサクラ材の一木造で、ほぼ左右対称に中尊の隣に祀られている。

薬師如来坐像の胎内には二体の胎内仏が納められている。髪が長く背に垂れている約15cmの木造と、約8cmの木造である。2021年10月に専門家の調査で、髪の長い像は女神の神像彫刻であると判明した。神像は仏像の一木造の全盛期であった平安時代に流行が始まったとされる。この二体の胎内仏も、ケースに入って日光菩薩立像の前に並べられている。

日光菩薩・月光菩薩立像の両側には、木造二天像が祀られている。一木造、彫眼で、平安時代後期の制作である。両像は口の開閉、踏み上げる足、腰の捻る向きなど形姿が対になる様に造られている。これらの仏像の背後に、左右六体ずつ木造十二神将立像が祀られている。各像共に檜材で、割矧ぎ造という一木で彫成した後、割り矧いで内刳りを施す造立法で造られ、玉眼が嵌め込まれている。解体修理の際に、巳神将像の体内から1415年の修理銘が発見され、南北朝時代の制作と推定されている。

影向寺から中原街道に戻り、千年の交差点を過ぎて最初の信号を左折して、武蔵新城駅に向かう。武蔵新城駅から南武線の電車に乗り、稲田堤駅で乗り換える。京王稲田堤駅から2駅目の稲城駅で降りると、北口から歩いて5分程の所に常楽寺がある。

常楽寺は樹光山浄土院常楽寺と号する天台宗の寺院である。創建年代は不詳であるが、行基菩薩の創建とも、慈覚大師円仁の創建とも伝えられる。本尊は阿弥陀如来及び両脇侍像で、加えて多聞、持国の二天像を草堂中に安置したのが始まりとされる。山門は楼門で、一対の仁王像が守護している。均整のとれた迫力のある像であるが、制作は新しい様である。楼門の縁の下部には龍の彫刻が施されており、荘厳な雰囲気に包まれている。

中尊の阿弥陀如来坐像は、像高78．4cm、檜の寄木造、彫眼である。螺髪が大粒であり、衣文線が密で大小の襞を交互に刻み出す等の点に古い様式を残していることから、制作年代は十二世紀前半頃と考えられている。脇侍の観音菩薩立像は、像高92．7cm、勢至菩薩立像92．3cm、寄木造、彫眼である。ほぼ対称の形をしており、観音菩薩像は台座の上にやや腰を捻って立ち、右手は掌を前に向けて垂下し、左手は曲げて蓮華を持っている（勢至菩薩像は左右の手が反対になっている）。両脇侍共に技法や顔の表情、特に下瞼の線が不明瞭なところが中尊と共通しており、中尊と一具の作と見られている。

阿弥陀三尊像の左隣には、厨子に入った持国天王像と多聞天王像が、右隣には閻魔王坐像が祀られている。閻魔王坐像は像高98．3cm、寄木造で、玉眼が挿入されている。像内に墨書があり、1669年に常楽寺住職の生山海運が制作したことが分かる。

住職に謝意を表し、次の目的地の妙見寺を目指す。妙見寺は常楽寺から歩いて15分程の、京王線の線路を挟んだ反対側にある。神王山観音院妙見寺と号する天台宗の寺院で、縁起によると奈良時代760年、新羅の侵攻に際して勅命で妙見宮が創建されたのが開基であり、平安時代に妙見寺が別当寺として創建された。それ以降現在に至るまで、全国でも数少ない神仏習合の影響を色濃く残す寺院である。

寺の本尊は阿弥陀如来坐像（三尊像）、奥ノ院（妙見宮）の本尊が北辰妙見尊である。また、当寺は多摩川三十三ケ所観音霊場の第三十番札所であり、聖観世音菩薩立像を安置している。阿弥陀如来坐像は顔が大きく、遠目に見ると身体全体が金色に輝いている。

妙見寺から稲城駅に戻り小田急バスに乗る。駒沢学園入口のバス停で降り、京王線の線路に沿って坂道を上って行くと高勝寺がある。高勝寺は岩船山大智院高勝寺と号する真言宗豊山派の寺院である。１３６８年学僧鎮海和尚の開基で、京都仁和寺の末寺であった。戦後本末関係が解消されるまで、近隣に１９の末寺を持つ中本寺格の寺院であり、歴史のある古刹である。

山門から境内に入ると右手に弘法大師修行像があり、正面には本堂が建っている。本尊は胎蔵界大日如来坐像で、像高は１５０ｃｍ、宝冠を被り、蓮華座の上で法界定印を結んでいる。金色に輝く存在感のある仏像なので、実際の大きさよりも大きく見える。制作年代は不詳だが、高勝寺開基６００年記念事業として昭和４６年に修復された。

高勝寺には本尊の他に、観世音菩薩像、岩船地蔵尊といった貴重な文化財が安置されている。観世音菩薩像、岩船地蔵尊は秘仏で通常非公開になっている。両像共に年一回、前者は１０月１７日、後者は１０月２３日に御開帳予定なので、再度拝観に訪問したい。

（後日談）

１０月１７日は高勝寺の観世音菩薩像の御開帳日である。問い合せをしたところ、もう一体の秘仏、岩船地蔵尊も御開帳しているとの事であり早速拝観に伺った。

岩船地蔵尊は像高８寸（約２４ｃｍ）で、弘法大師の作と伝わる。向かって左側に祀られている観世音菩薩は、元は高勝寺の末寺で、廃寺となった妙福寺に安置されていたものである。像高は155．5cm、ケヤキの一木造、彫眼で、平安時代末期の制作と考えられている。

台座の上に直立し、右手は垂下して掌を前に向け、左手には蓮華を持っている。左肩から右脇にかけて条帛が掛かり、天衣は両肩から下がって、左右の腕に掛かり両外側に垂れている。伏し目の温和な表情や浅い衣文線などに、藤原時代の特色が認められるとの事である。

堂外からの拝観であったため、詳細は分からなかった。機会があれば、是非近くで拝観させて頂きたい仏像である。

影向寺：薬師如来像（筆者撮影）

栃木県　足利市立美術館と鑁阿寺、足利学校

足利市立美術館において7月30日～10月10日の期間、『あしかがの歴史と文化再発見！』展が開催されており、東京国立博物館に寄託されている光得寺所蔵の大日如来坐像が里帰りしている。10月に入り朝晩は涼しく、日中もだいぶ活動しやすい季節になったので、足利市まで足を延ばすことにした。

ＪＲ久喜駅から東武伊勢崎線で館林駅へ行き、電車を乗換え足利市駅で降りる。改札を出ると直ぐ前を渡良瀬川が流れている。中橋から渡良瀬川を覗くと川の流れが速い。上流には釣り人が鮎のおとりを泳がせている。渡良瀬川を渡り両毛線の線路を越えると、右手に足利市立美術館がある。

美術館の開館は10時からなので、その前に鑁阿寺を訪ねることにした。鑁阿寺は美術館から200ｍ程北側にある。正式名称を金剛山仁王院法華坊鑁阿寺と号する真言宗大日派の本山である。源姓足利氏2代目の足利義兼が、1196年に邸内に持仏堂を建て、源氏、足利氏の守り本尊である大日如来を祀ったのが始まりといわれている。その後、3代

目足利義氏が堂塔伽藍を建立し、足利一門の氏寺とした。

鑁阿寺は足利氏の城館に建てられたため、その名残として今でも土塁と堀に囲まれており、『日本の名城百選』にもなっている。堀に掛かる太鼓橋を渡ると楼門（山門）があり、桃山時代に制作された一対の仁王像が守護している。

境内に入ると正面に本堂が建っている。創建当時の本堂は1229年の火災で焼失したが、足利尊氏の父貞氏により1299年に再建された。桁行五間、梁間五間の入母屋造り、本瓦葺きの建物で、前方二間分を外陣、後方三間分を内陣及び脇陣とする密教仏堂の形式である。組物を詰組とし、屋根の傾斜が急で軒反が強い。柱の上下端を丸く細める粽（ちまき）を設け、桟唐戸という桟で組んだ扉を使うなど、禅宗様の建築様式を基調としつつ、組入天井や板敷の床など、和様の様式を取り入れた折衷様建築の建物である。

本尊は胎蔵界大日如来坐像である。通常は非公開で拝観することは出来ない。像高151．1cm、鎌倉時代の鑁阿寺本堂が建て直された頃に制作されたものと思われる。大日如来像は、白色身で智拳印を結ぶ金剛界大日如来像と、黄金身で法界定印を結ぶ胎蔵界大日如来像とで表現されるが、鑁阿寺の大日如来像は法界定印を結んでいる。

本堂の左には不動堂と一切経堂が並んで建っている。不動堂は桁行三間、梁間三間で、入母屋造り、本瓦葺きの建物である。足利義兼により１１９６年に建立された。本尊は不動明王坐像で、像高８８．１ｃｍ、平安時代末期から鎌倉時代初期の制作である。興教大師が制作した像を、千葉県成田山より勧請したものと伝えられる。不動明王坐像も通常は非公開となっている。

一切経堂は足利義兼が妻時子の供養のため建造したと伝わるが、現在の建物は、１４０７年に関東管領足利満兼によって再建されたものである。経堂には本尊釈迦如来像のほか、室町幕府１５代の足利将軍の坐像が安置されている。

不動堂と一切経堂の前方には多宝塔が建っている。多宝塔も１１９６年に建てられたと伝えられるが、１６２９年に徳川綱吉の生母桂昌院によって再建され、その後も幾度か改修が行われてきた。本尊は金剛界大日如来と勢至菩薩で、両側に十六羅漢が安置されている。今回鑁阿寺では、これらの仏像を拝観することはできなかったが、特別公開等で是非拝観させて頂きたい。

鑁阿寺を後にして足利市立美術館へ向かう。足利市立美術館は足利市の再開発事業の一環として、１９９４年４月に開館した。市が管理運営する集合住宅と併設する、国内でも珍しい美術館である。収蔵資料は約２０００点で、川島理一郎や大山魯牛といった芸術家の作品を通じて、地元の文化・芸術の発信を行っている。

今回の展示は、第1章・原始―縄文時代から弥生時代、第2章・古代―古墳時代から奈良・平安時代、第3章・中世前半―鎌倉時代の3章立てで展示が行われている。第1章、第2章は、近隣の遺跡から発掘された土器や石器、縄文時代（約3000年前）の耳飾りや、古墳時代（約1450年前）の埴輪、土偶などが展示されている。

足利市近隣には数多くの遺跡や古墳があることに驚かされると共に、出土品の実用性、創造性には目を見張るものがある。また、奈良時代から平安時代に制作された銅製品の菩薩像や、竪穴住居跡から出土した、平安時代後期制作の銅造天部立像は興味深い。天部立像は像高9．1cmで、螺髪があり、腕に天衣を掛け胸の前で合掌している。

第3章・鎌倉時代では、今回の目玉である光得寺大日如来坐像が展示されている。大日如来坐像は、鑁阿寺の奥院と呼ばれた樺崎寺の後身樺崎八幡宮に伝来した像で、明治初期の神仏分離に際し光得寺に遷された。光得寺は菅田山光得寺と号する臨済宗妙心寺派の寺院で、足利義氏が1220年、父義兼の菩提を弔うために開創したものである。

大日如来坐像は像高31．3cm、檜の割矧ぎ造り、漆箔である。調査をした東京国立博物館の山本勉氏によって、鎌倉時代の仏師運慶が制作したとされる仏像である。本来は厨子入りの大日如来坐像であるが、今回は傷みを考慮して厨子、光背を除いた展示になっている。その分、３６０度どの角度からも仏像を拝観することができる。

厨子の内側、光背の周りには、三十七尊曼荼羅の小群像があり、台座を8頭の獅子が支えている。運慶一門は１１９７年に東寺講堂諸像の修理を行っているが、この三十七尊・八獅子は、東寺講堂創建時の本尊大日如来像と同じだそうである。

大日如来坐像は髻が高く、丸顔でやや顎が張っている。均整の取れた身体に安定感のある姿勢で智拳印を結んでいる。左肩から右腰に流れる衣は自然な感じで、衣紋は真如苑所蔵の像よりもはっきりと表現されている。

本像は像内を内刳りし、膝の裏の高さで底を刳り残すという技法で作られている。底板の上には、五輪塔形の木柱が立ち、水晶玉の心月輪の茎を木柱に貫通させて取り付けている。そして心月輪の上方、像の胸のあたりには成人の歯が納められている。この納入歯は像の完成後に納入されたと考えられることから、歯が義兼のものであるとすれば、本像の制作は義兼が没する１１９９年3月頃と推測される。

大日如来坐像の奥のスペースには、もう一体の仏像が展示されている。光得寺の木造地蔵菩薩坐像で、像高９４．８ｃｍ、檜の寄木造、彩色、玉眼である。下半身の裳裾には襞がなく、左手に宝珠、右手に錫杖を執っている。かつて樺崎八幡宮地蔵堂の本尊で、岡崎山の黒地蔵と呼ばれ親しまれてきた。

修理を施した玉眼には違和感があるが、引き締まった厳しい顔立ち、肩幅が広く安定感のある体躯、写実的な衣紋の表現は慶派仏師の特徴を示している。一方、顔が面長で、右襟が直線状に表される形は、運慶の次世代の作品に見られる特徴で、慶禅作の埼玉県天洲寺の聖徳太子像（１２４７年制作）と共通する点が多いとの事である。

光得寺の二体の仏像をじっくりと鑑賞した後で、足利学校に立ち寄ってみる。美術館から中央通りに出て足利駅方向に少し歩くと、孔子像と石碑が立つ学校様通りがある。学校様通りを進んでいくと、足利学校の入徳門に突き当たる。入徳門から中に入り、参観券売場で拝観料を支払うと足利学校の入学証がもらえる。

足利学校は日本で最も古い学校である。その創建については奈良時代説、平安時代説、鎌倉時代説があるが、学校の歴史が明らかとなるのは室町時代中期以降である。１４３９年関東管領上杉憲実によって、学校領と共に孔子の教え『儒学』の五経典のうち四経の書籍が寄進され、鎌倉から禅僧快元を招き初代庠主（校長）とし、学問の道を興し、学生の養成に力を注いだことによる。学徒は全国から集まり、主に僧侶や武士の子弟たちが、儒学を中心に勉強していた。

入徳門から真っ直ぐ進むと学校門がある。1668年に創建され、足利学校の象徴的な門になっている。学校門から校内に入ると、左手に遺蹟図書館がある。遺蹟図書館は、上杉憲実以来の貴重な蔵書を保存していた足利文庫を引き継ぎ、国宝、重要文化財の古書を多数所蔵している。

学校門の正面には杏檀門があり、中に孔子廟が建っている。中国明代の聖廟を模したもので、間口七間、奥行六間である。入徳門、学校門、杏檀門と共に国の史跡に指定されている。孔子廟には、中央に孔子坐像、向かって右に小野篁公像が祀られている。孔子坐像は胎内銘から1535年に彫刻され、納められたことが明らかになっている。

一番奥にある校舎にあたる方丈・庫裏や、衆寮（学生寮）などを見学して、足利学校を下校した。この後は、織物の産地足利市の守り神である足利織姫神社にお参りに行くことにしよう。

鑁阿寺：太鼓橋（筆者撮影）

横浜市　弘明寺、金沢文庫と称名寺、真照寺

横浜市の仏像巡りは二度目である。金沢文庫において10月7日～11月27日まで、『運慶　鎌倉幕府と三浦一族』展が開催されており、それを見学するためである。金沢文庫まで行くので、近隣の仏像も拝観したいと思い、まずは弘明寺を訪問した。

横浜駅から京急本線で弘明寺駅まで行き、駅から坂道を下って行くと2分程で弘明寺に着く。または、横浜地下鉄で弘明寺駅まで行き、弘明寺かんのん通りのアーケードを抜けると、その先に弘明寺の仁王門が見える。

弘明寺は瑞應山蓮華院弘明寺と号する高野山真言宗の寺院である。寺伝によると、737年に行基が十一面観世音菩薩を彫刻祈願したのが開山とされるが、1044年3月光慧上人により瓦葺き本堂が建立されたのが、本尊の彫刻予想年代とほぼ一致することから、この頃が実際の開山と思われる。

仁王門には一対の金剛力士像（仁王像）が守護している。仁王像は十三世紀後半の鎌倉仏師の作で、神奈川県下に遺る最古の中世作だそうである。大きさが3m位あり、迫力の

ある体躯をしているが、顔の表情はユーモラスな感じである。

仁王門から境内に入り、階段を上った正面に本堂がある。現在の本堂は、間口六間半、奥行六間一尺で、1766年に智光上人により再建されたものである。光慧上人が建立した、創建当時の手斧（ちょうな）で彫った床板などが使用されている。

本堂の内陣奥の須弥壇には、本尊十一面観世音菩薩立像が祀られている。像高181.7cm、榆の一木造で、十一世紀後半、平安時代中期の制作である。関東に遺る鉈彫り（丸ノミの縞模様の彫痕を規則正しく残す木彫技法）の作例として貴重である。以前は秘仏であったが、現在は拝観料を支払えば誰でも内陣で拝観することができる。素朴な造りで、頭を少し右に傾け、やさしい顔で立つ姿は誰もが親しみを感じると思われる。

弘明寺から京急本線で金沢文庫駅に行き、今日一番のお目当てである称名寺を目指す。称名寺は駅から東に歩いて約15分、駅前から広がる住宅地の中にある。正式名称を金沢山彌勒院称名寺と号し、鎌倉幕府第2代執権北条義時の五男・実泰の嫡子実時が、屋敷内に持仏堂を建てたのがその始まりとされる。1267年に、下野薬師寺の僧である審海を招いて真言律宗の寺とした。

真言律宗別格本山と書かれた赤門（惣門）から境内に入ると、参道が仁王門まで伸びている。途中には塔頭寺院光明院の表門がひっそりと佇む。仁王門は二層の楼門で、一対の仁王像が守護している。4mはあろうかと思われる迫力ある仁王像で、1323年に院派仏師院興、院教などの仏師によって制作されたことが知られている。

仁王門の前方には美しい浄土式庭園が広がり、阿字ヶ池に架かる反橋、中島、平橋を渡ると金堂に行くことができる。称名寺は貞顕の時代に、金堂、講堂、仁王門など七堂伽藍を完備した大寺院として全盛期を迎えた。そこには本尊の弥勒菩薩立像をはじめ、釈迦如来立像や十一面観音菩薩立像、不動明王・毘沙門天立像といった仏像が多数祀られていた。

称名寺の境内からトンネルを抜けた先に金沢文庫がある。金沢文庫は実時が邸宅内に設けた日本最古の武家文庫である。その後、顕時、貞顕、貞将の3代に渡って蔵書の充実が図られたが、鎌倉幕府滅亡後次第に衰退していった。現在の金沢文庫は、昭和5年に神奈川県の施設として復興したもので、平成2年からは中世の歴史博物館として、鎌倉時代の貴重な文化財を後世に伝えると共に、その調査・研究の成果を一般に公開している。

拝観料を支払い展示室に入ると、称名寺の本尊弥勒菩薩立像のレプリカが展示されている。綺麗に整形されているため本来の仏像のイメージが掴みづらいが、裏に写真が展示してあったので、その素晴らしさを実感することができた。

2階の展示室には多くの仏像が展示されている。大善寺の天王立像、曹源寺の十二神将立像、浄楽寺の不動明王・毘沙門天立像、満願寺の観音菩薩・地蔵菩薩立像などは、横須賀美術館の展示と同じであった。今回の展示品の目玉は、称名寺の塔頭光明院で発見された木造大威徳明王坐像である。

光明院の大威徳明王坐像は、金沢文庫で調査・解体修理をした結果、平成19年3月に運慶により制作されたことが確認された。像高は21.1cm、彩色、截金、玉眼で、本来は六面六臂六足で水牛に乗っているが、手足のほとんどが失われ、水牛座もなくなっている。像内の納入文書に、源頼家、実朝の教育係であった大弐局の発願により、1216年に運慶が制作した旨の記載があった。運慶の真作と確認された仏像の中では、1212年に制作された奈良県興福寺北円堂の弥勒菩薩坐像などが最晩年のものとされていたが、大威徳明王坐像はその記録を更新した。

大威徳明王は降閻魔尊とも呼ばれ、冥界を支配する死神をも打ち倒すことから、大いなる威力を持つ者という意味で『大威徳明王』と呼ばれる。瞋怒（しんぬ・大きく目を見開いて怒ること）の表情をしているといわれるが、怖いというよりは、丸顔にきりっと引き締まった厳しい表情をしており、頼家・実朝の教育ということを意識した造りになっている様に感じた。

金沢文庫を後にして、本日最後の目的地である磯子区の真照寺に向かう。金沢文庫駅から京急本線で杉田駅に行き、海に向かって歩いて行くと新杉田駅がある。新杉田駅からは根岸線で1駅、約3分で磯子駅に着く。

真照寺は磯子駅から歩いて25分程の所にあり、バスで行くこともできる。正式名称を禅馬山三郷院真照寺と号する高野山真言宗の寺院である。開山開基は不明であるが、寺伝では、平安時代末期の1182年に、磯子領主平子有長によって中興されたと伝わる。平子有長は、仇討ちを果たした後、巻狩に来ていた源頼朝の陣屋に乱入しようとした曽我祐成と、最初に切り結んだ人物として曽我物語にも登場している。

正面の本堂には、厨子に入った毘沙門天立像が祀られている。横浜毘沙門天として親しまれており、像高150.5cm、檜の一木造、玉眼である。長い間、江戸時代に造られたと考えられてきたが、鑑定調査の結果、十二世紀前半、平安時代後期に制作されたことが確認された。

右手に三叉戟、左手に宝塔を掲げ、やや腰を捻り直立している姿から素朴な印象を受ける。頭に天冠台、身体に胸甲、前盾を付け、目を大きく見開いている。写真を撮らせて頂いたが、目だけが印象に残る仏像であった。

２０１９年に横浜市の指定有形文化財に指定された木造阿弥陀如来及び両脇侍像は、納骨堂に安置されている。阿弥陀如来像は像高約５０ｃｍ、脇侍の観音菩薩・勢至菩薩像は約７０ｃｍで、修復の後金箔が貼られたため、遠目には金ぴかの仏様に見える。中尊は阿弥陀定印を結び、脇侍像は左右対称の形で蓮華座の上に立っている。横浜市教育委員会の説明書によると、「(前略) 三尊像は、平安時代末期の真照寺の再興期に造られた本尊像である可能性があります。真照寺を再興した平子有長は、やがて幕府御家人の一人として源頼朝の周辺で活発に活動することになりますが、その頃の平子氏による造像として、この阿弥陀三尊像はたいへん重要です。」との事である。

暫く拝観させて頂いた後で、住職に謝意を表して真照寺を後にした。駅までの帰り道、仏像が制作された時代の古さは見た目からはよく分からなかったが、横浜市にある仏像の奥深さを感じた。

八王子市　清鏡寺、国分寺市　武蔵国分寺と府中市　大國魂神社

毎年10月10日は武蔵国分寺の本尊木造薬師如来坐像の御開帳法要日で、年1回の一般公開が行われる。3連休の最終日、天気予報は曇り時々雨であったが、折角の機会なので訪問することにした。

近隣のお寺で、八王子市大塚の清鏡寺に鎌倉時代の仏像がある。拝観のお願いをしたところ快く了解して頂いたので、武蔵国分寺を訪問する前に伺った。多摩モノレールで多摩センター駅から2駅目、大塚・帝京大学駅で降り、帝京大学八王子キャンパスに向かって10分程歩いて行くと清鏡寺に着く。

清鏡寺は鹽釜山清鏡寺と号する曹洞宗の寺院である。創建の年代は不詳であるが、八王子城主北条氏照が再興した観音堂の別当寺であった。1592年、下柚木の永林寺第4代妙庵長銀大和尚により、曹洞宗として開かれた。

観音堂に入ると、内陣との仕切りにある欄間彫刻の素晴らしさに驚かされる。格天井に描かれた絵も、まだ新しいと思われるが素晴らしい。八王子は絹産業で財を成した檀家が

多かったため、寄進も集まったのだろうと住職が話していた。須弥壇には本尊の千手観音菩薩坐像、脇侍の不動明王・毘沙門天立像が祀られている。千手観音菩薩はレプリカで、本物は向かって右隣りにあるガラス張りの収蔵庫に安置されている。

収蔵庫の千手観音菩薩坐像は厨子に入っている。像高は30cm位だろうか、体の後ろには千本の手が幾重にも重なっている。坐像の右の足が少し前に飛び出しているのが珍しいと感じた。江戸時代中期に制作され、本来は秘仏である。

千手観音菩薩坐像の隣には、やはり厨子に入った木造十一面観世音菩薩立像が安置されている。像高は91.5cmで、寄木造、彫眼、漆箔である。右肘をやや曲げて垂らし、左手に宝瓶を持ち、条帛を懸け、裳を着けた姿で立っている。鎌倉時代の制作で、明治14年に堀之内から遷された。

近年修理されたためか、仏像の古さは感じられない。吊り上がった目、引き締まった顔からは、慈悲の仏というよりは厳しさを併せ持った観音菩薩である。衣文の線も綺麗に表現されており、堂々と安定している。南多摩地方に伝わる鎌倉時代の秀作として、東京都の有形文化財に指定されている。

丁寧に説明して頂いた住職に謝意を表して清鏡寺を後にした。大塚・帝京大学駅まで戻り、モノレールで立川方面に向かう。この辺りは大学が多く、隣には中央大学・明星大学駅があり、それぞれのキャンパスがある。立川南駅でモノレールを降りて、立川駅から中央線に乗り換え西国分寺駅に行く。西国分寺駅から南東方向に15分程歩いて行くと、武蔵国分寺に着く。

国分寺は医王山最勝院国分寺と号する真言宗豊山派の寺院である。741年に聖武天皇が発した国分寺建立の詔によって、全国60余国に官立の寺院として国分寺が建立され、僧寺と尼寺が対で置かれた。武蔵国では国府の北、国分寺崖線を背に南面し、豊かな湧き水に恵まれた当地に、757年~765年頃に建立されたと考えられている。

本尊は木造薬師如来坐像で国の重要文化財になっている。1333年、新田義貞軍と北条泰家率いる鎌倉幕府による分倍河原の戦いによって、武蔵国分寺は焼失したが薬師如来像は焼失を免れた。1335年新田義貞の寄進により、国分僧寺の金堂付近に薬師堂が建立され、その後、宝暦年間(1751年~1763年)に現在の地に再建された。

11時半頃に薬師堂に着くと、既に多くの人が集まっており堂内は混雑していた。薬師如来坐像の前は撮影する人の列ができており、皆一様にカメラやスマートフォンを掲げていた。

薬師如来坐像は像高195cm、木彫寄木造で、平安時代に制作された。厨子に入り堂々とした姿で年代を感じる。顔の表情はよく分からないが、親しみやすいというよりは厳格な感じである。厨子の隣に脇侍の日光菩薩・月光菩薩立像と、左右六体ずつ十二神将立像が祀られている。日光菩薩・月光菩薩立像は室町時代の制作で、それぞれ日輪、月輪を持ち、左右対称の姿をしている。十二神将立像は頭部にある墨書から1689年の制作とされる。

薬師堂から階段を降りると仁王門がある。仁王門は宝暦年間に建立された三間一戸八脚門で、入母屋造り、桟瓦葺き。『新編武蔵風土記稿』によると、使用木材の一部は、新田義貞が再興した薬師堂の古材を使用しているとの事である。左右で守護している仁王像は、像高2．5m、1718年に制作された。

急に雨が降ってきたので、雨宿りを兼ねて食事処を探すことにした。お鷹の道の近くにあるうどん&カフェ、LIGHT・HOUSEに入る。家のガレージを店舗にした様な感じで、テーブルが3席しかない。国分寺300年野菜『こくベジ』の案内につられて、国分寺野菜7種の天ぷらうどん（温）を注文する。他に客がいなかったので、直ぐにうどんが運ばれてきた。

うどんはやや細めの普通のうどんで、出汁は関西風の薄い色をしている。天ぷらはししとう、茗荷、ピーマン、人参、ズッキーニ、四角豆、玉ねぎで、普通の塩とカレー塩が付いている。江戸時代中期の新田開発がきっかけで、それから約300年、国分寺市全域で農業が行われ、2015年から地方創生事業の一環として『こくベジ』プロジェクトを展開している。『こくベジ』メニューを提供している飲食店では、新鮮な地域の野菜を食べることができる。四角豆の天ぷらは初めて食べたが、サクサクして美味しかった。

店の外に出ると雨はすっかり上がっていた。本堂に隣接して、おたかの道湧水園の中に国分寺跡資料館がある。入口から入ると、200分の1スケールの武蔵国分寺跡推定復元模型が展示されていて、国分僧寺の全体像を把握することができる。

奥にある展示室、国分寺市の文化財コーナーには、銅像観世音菩薩立像が展示されている。像高28．4cm、重さ2647g、頭部に阿弥陀如来の化仏を施した低い三面宝冠を戴いている。肩幅が広く、下腹部をやや突き出した体躯が特徴で、奈良県法隆寺の夢殿、救世観音像や六観音像に類似することから、白鳳時代後期（七世紀後半から八世紀初頭）頃に制作されたと考えられている。満面に笑みを湛えた愛くるしい観音様である。

その後、僧寺伽藍中枢から尼寺伽藍地区を回り、武蔵国府跡を目指す。府中街道を南に向かって歩いて行くと、府中刑務所や府中インテリジェントパークの建物が見える。けやき並木通りを進んで行くと大國魂神社の参道へと続き、参道の真ん中あたり、境内域の東側に武蔵国府跡がある。武蔵国の役所の中枢施設である国衙（国衙地区）の一部が、復元、公開されている。

大國魂神社は、第12代景行天皇41年（西暦111年）5月5日に、大神の託宣によって造られたといわれる。大化の改新によって武蔵国府がこの地に置かれ、当神社を国衙の斎場として、国司が管内神社の祭典を行う便宜上、武蔵国中の神社を一ヶ所に集めてお祀りしたのが武蔵総社といわれる起源である。鎌倉幕府並びに北条、足利両氏も篤く崇敬したが、特に徳川家康が江戸に幕府を開いてからは、武蔵国の総社として社領五百石が寄進され、社殿その他の造営が行われた。

宝物殿の2階展示室には、木造狛犬一対と木彫仏像五体が安置されている。狛犬は高さ73cm、拝殿と本殿の間にあった中門の両袖に相対し、神社を守護していた。捨材の寄木造で、金箔が施されている。木彫仏像は如来像三体、菩薩像一体、天部像一体で、いずれも像高30cm～35cm、平安時代末の制作である。1階には八基の神輿と六張りの大太鼓が展示されており、5月5日の例大祭の格式と伝統を垣間見ることができる。

大國魂神社から府中本町駅に向かう道の途中にも、国司館地区の史跡広場が整備、公開されている。国司館は律令時代に武蔵国府に赴任した国司が居住、執務した館である。今日一日、武蔵国分寺から大國魂神社を巡り、聖武天皇が飢饉や大地震による災害、疫病などの天災と、藤原広嗣による九州大宰府での反乱等の人災を、仏教の力で乗り越えようとした篤い思いと、その営みが感じられる様な気がした。

武蔵国分寺：薬師如来坐像（武蔵国分寺提供）

鎌倉市　光明寺、浄光明寺、瑞泉寺と報国寺

鎌倉市材木座の光明寺において、10月12日~14日まで十夜法要が行われ、13日と14日は山門の楼上拝観ができる。十夜法要とは、阿弥陀如来に感謝の念仏を唱える主に浄土宗の仏事の一つで、毎年秋に行われる。光明寺第9代観譽祐崇上人が、後土御門天皇に阿弥陀経の講義を行ったのを機に勅願寺となり、1495年10月、光明寺で十夜法要を行うことが勅許された。その後、今日に至るまでの五百余年間、光明寺において十夜法要が奉修されてきた。

鎌倉駅から京急バスに乗ると10分程で光明寺のバス停に着く。雨が降っているにも拘らず、光明寺は総門の内も外も屋台の準備に大賑わいである。山門を通ると正面に大殿（本堂）が見える。大殿は1698年に建立された、現存する木造の古建築では鎌倉一の大堂である。かつては開山上人像を安置して祖師堂と称していた。仏堂ではなく祖師堂を本堂とする伽藍形式は、知恩院をはじめとする京都の浄土宗本山の通例である。2019年11月から、浄土宗開宗八百五十年慶讃記念事業として大殿の保存修理工事を行っており、

本尊の阿弥陀三尊及び諸像は開山堂に遷されている。

開山堂の正面には阿弥陀三尊像が祀られ、向かって右に中国善導大師像、左に法然上人像が祀られている。阿弥陀如来坐像は蓮台の上で来迎印を結んでいる。顔はきりっとして若々しく、イケメンである。像高86．2cmで、鎌倉時代前期の制作と推測されている。脇侍の観音菩薩・勢至菩薩立像は大きな宝冠を被り、蓮華を持ち左右対称に並んでいる。善導大師は中国唐代の人で、『観経疏』等五部九巻の書物を著し、浄土念仏の高祖として法然上人はこれに帰依し浄土宗を開いた。

開山堂での参拝が済んだ後で、山門を拝観させて頂いた。現在の山門は1847年に造られたもので、間口約16m、奥行約7m、高さ約20mあり、鎌倉の寺院の門では最大である。五間三戸2階二重門といわれ、1階が和風、2階が中国風に造られている。2階には釈迦三尊像、四天王像、十六羅漢像が祀られている。2階からの眺めは素晴らしく、材木座海岸から由比ヶ浜が眼下に広がる。天気が良ければ、江の島から遠くは富士山が一望できるそうである。

光明寺から鎌倉駅に戻り、小町通りを通って浄光明寺に向かう。横大路から線路沿いの細い道を北鎌倉方向に進み、突き当りを右折すると浄光明寺の山門が見える。浄光明寺は泉谷山浄光明寺と号する真言宗泉涌寺派の寺院である。鎌倉幕府第6代執権北条長時が、1251年真阿（真聖国師）を開山として創建した。真言宗泉涌寺派の準別格本山として高い寺格を誇り、創建以来北条得宗家、足利将軍家、鎌倉公方等、その時代毎の有力者の保護を受けてきた。

また、多くの文化財を所蔵していることでも知られ、収蔵庫には本尊の木造阿弥陀三尊像や木造地蔵菩薩立像（矢拾地蔵）が安置されている。収蔵庫の拝観は木曜日、土曜日、日曜日、祝日で雨天は中止となる。朝から小雨が降っており、浄光明寺を訪れた頃は雨脚も強くなってきたので心配していたが、やはり拝観中止になっていた。仕方がないので、次の目的地瑞泉寺を目指すことにした。

浄光明寺から鶴岡八幡宮に行き、鎌倉国宝館を通って金沢街道に出る。金沢街道を東に進み、岐れ路の交差点を左に入っていくと鎌倉宮に突き当たる。鎌倉宮から永福寺跡を通り、通玄橋を渡って更に奥へと進んで行くと瑞泉寺の総門が見えてくる。

瑞泉寺は錦屏山瑞泉寺と号する臨済宗円覚寺派の寺院である。1327年に鎌倉幕府御家人二階堂道蘊が、夢窓疎石を開山として創建した。夢窓国師は円覚寺開山仏光国師の孫弟子で、鎌倉時代から南北朝時代に円覚寺、南禅寺、浄智寺など五山の住職に就かれ、天龍寺、恵林寺など六ヶ寺を開いた。南北両朝の帝から賜った国師号が七あることから、『七朝の帝師』と讃えられている。

拝観料を支払い、本堂を目指して石段を上って行く。雨が降っているので石段が滑り易くなっている。やっとの思いで上りきると山門があり、正面に本堂が見える。本堂は大雄寶殿（仏殿）で扉が少し開いている。堂内は中央に本尊釈迦牟尼仏、向かって右に開山夢窓国師坐像、左に阿弥陀如来と千手観世音菩薩が祀られている。夢窓国師坐像は国の重要文化財に、千手観世音菩薩は鎌倉市文化財に指定されている。

本堂の奥に名勝瑞泉寺庭園が広がり、横には地蔵堂がひっそりと佇んでいる。庭園は岩盤に天女洞や座禅洞といった洞を穿ったもので、書院庭園の先駆であり、鎌倉に残る鎌倉時代唯一の庭園である。地蔵堂は開扉されていれば、地蔵菩薩立像（どこもく地蔵）を拝観することができるそうである。

瑞泉寺を後にして、来た道を戻り報国寺に向かう。途中で左折して鎌倉女子大学から金沢街道に出て、街道を東に向かって歩いて行く。報国寺入口の交差点を右折すると、報国寺の山門が見えてくる。

報国寺は功臣山報国建忠禅寺と号する臨済宗建長寺派の寺院である。足利尊氏の祖父家時が、高僧天岸慧広（仏条禅師）を開山として、１３３４年に創建したと伝えられる。また、家時は１２８４年に亡くなっているため、宅間谷に住んだ上杉重兼による創建ともいわれている。開山の天岸慧広は、無学祖元や高峰顕日に学んだ後に入元し、帰朝後重兼に招かれて報国寺に入った。古くから竹林が有名で、『竹庭の寺』といわれている。

山門を入ると枯山水庭園があり、手入れの行き届いた美しい庭園に心が洗われる思いがする。枯山水庭園の先に本堂へと続く石段がある。本尊は釈迦如来坐像で、平安時代末期から鎌倉時代初期に活躍した絵仏師、法眼宅間勝賀の作といわれている。本堂の扉は空いていたが、残念ながら幔幕に遮られてよく見えなかった。

本堂の裏手にある竹の庭には二千本以上の孟宗竹が自生しており、竹林に入ると玄妙な雰囲気に包まれる。竹林の奥にあるやぐら（横穴式墳墓）には、開基足利家時と永享の乱（１４３８年）において報国寺で自害した義久、その他足利一族の墓がある。義久の父である第４代鎌倉公方持氏も瑞泉寺塔頭永安寺で自害しており、報国寺は関東における足利公方終焉の地となった。竹林を見下ろす場所に眠ることで、義久の霊魂も竹林によって浄化されたように感じられる。

竹林の奥には休耕庵という茶席があり、竹庭を眺めながら抹茶を楽しむことができる。

抹茶だけではなく、非日常的な時間と空間を味わうことができる、鎌倉散策にはお勧めの場所である。

帰る頃にはすっかりと雨も上がっていた。もしかしたらと思い浄光明寺に電話をしてみたが、もう収蔵庫は閉めてしまったそうだ。ちょっと残念な気持ちもあるが、貴重な文化財を守っていくためには仕方がないと思い、次回の拝観を期すことにした。

府中市　善明寺、国立市　くにたち郷土文化館と調布市　深大寺

１０月２９日～１１月６日までの期間、東京文化財ウィーク２０２２の特別公開が実施され、通常公開されていない仏像が一斉公開される。以前から拝観したいと思っていた府中市善明寺の鉄造阿弥陀如来坐像が、１１月３日にだけ公開されると聞き早速行ってみた。善明寺はＪＲ府中本町駅から商店街を北に進み、清水下小路を分倍河原駅方向に入った所にある。

善明寺は悲願山善明寺と号する延暦寺安楽律院を本寺とする天台宗の寺院である。創建年代は不詳であるが、江戸中期までは大國魂神社の別当であった。府中本町の五十嵐家に生まれた依田伊織が、１７４４年に番場宿（今の宮西町）にあった善明寺を、祖先の館跡に移して再建した。当時の住僧證海をもって中興の開山となし、依田伊織を中興開基とする。

山門を入ると正面に本堂がある。この日は本堂もご開扉されていて、中央に本尊の阿弥陀如来坐像、向かって右に地蔵菩薩、左に不動明王を拝観することができる。中尊の阿弥

陀如来坐像は金色に輝き、阿弥陀定印を結んでいる。詳細は不詳であるが、かなり大きく存在感のある仏像である。

地蔵菩薩坐像の右には厨子入りの大黒天が祀られている。1720年7月、依田伊織が両親の菩提を弔うため、寺塔建立の発意をしたときに感得した大黒天で、善明寺開建と共に、大黒天の尊像を彫り本堂に安置したものである。昔よりこの大黒天を礼拝、供養する者には、家門繁盛の御利益が与えられるといわれている。

本堂の手前右側に建つ金佛殿には、鉄造阿弥陀如来坐像と鉄造阿弥陀如来立像が祀られている。二体の鉄仏は江戸末期まで大國魂神社に祀られていたものであるが、明治政府の神仏分離令によって善明寺に遷された。全国でも珍しい鉄製鋳造の仏像ということで、国の重要文化財に指定されている。

鉄は銅よりも融点が高いため、鋳造のための鋳型も強く丈夫にしなければならない。そのため、金銅仏に比べて製造が難しいとされ、鉄仏は全国でも90点ほどしかない。関東一円と愛知県名古屋市周辺地域に多く見られるが、西日本ではその作例は少ない。

阿弥陀如来坐像は像高178cmで、現存する鉄仏の中では日本最大である。像の左襟部に銘文が鋳出されており、1253年2月に大工（だいこう・鋳物師）藤原助近によって制作されたことが分かる。四角く大きな顔に肥満気味の相撲取りの様な体躯で、阿弥陀定印を結んでいる。衣文線などは鉄仏のせいか、浅くて粗い感じである。

阿弥陀如来立像は像高100cm、阿弥陀如来坐像の胎内に入っていたとされ、制作時期も坐像とほぼ同じと考えられている。スッキリとした立像で、遠目には木造の様に見える。頭部は螺髪ではなく縄を結ったようになっていて、面相は穏やかである。衣文も複雑な線を滑らかに表現されており、一目で坐像よりも素晴らしいことが分かる。鋳肌が美しく、型崩れ、鋳損じ、合わせ目のずれなども見られず、鋳造技術として坐像とは全く違った作風を示している。この像を守るために、鞘仏として坐像が造られたとする説も頷ける気がする。

初めての鉄仏拝観を終え、次の目的地、くにたち郷土文化館に向かう。府中本町駅から南武線に乗り矢川駅で降りる。矢川通りを南に進み、高速道路の手前を左に曲がると、郷土文化館の建物が見えてくる。

くにたち郷土文化館は、豊かな自然と景観が残されてきた結果として、現在の国立ができているその過程を尊重し、貴重な文化を保存し後世に伝え発展させるために、平成6年に開館した。常設展示室では『過去・現在・未来を結ぶ―多摩川が育んだ段丘とともに生きる私たち』というテーマのもとに資料を展示している。

常設展示室に入ると大形石棒が展示されている。一瞬、戦時中の不発弾かなと思ったが、よく見ると文字通り石の棒である。石棒は4本で、長さは103．6cm～112．5cm、幅13cm～13．9cm、厚さ10．4cm～13．8cm、重量22kg～30．8kgで、頭部は2段の傘形のものと1段のものがある。国立市南西部の緑川東遺跡から出土したもので、柱状節理の細長い石を利用して作られている。

石棒は土偶と並んで縄文時代の祭祀儀礼に使用され、子孫繁栄や豊穣を祈願する道具と考えられている。今から4000年前の縄文時代中期末葉から後期初頭の大形石棒が、ほぼ完形で4本も出土した例は国内で初めてだそうである。

展示室を奥へと進んで行くと、観世音菩薩坐像が展示されている。この観世音菩薩坐像は銅製の仏像を造る際に使用される木型で、像高63cm、檜の木彫、寄木造である。肩幅36cm、膝張52cmで、鋳型は7分割され、うち頭部は3分割されている。両手は欠損し、本体だけが残っている。この原形を基にして造られた仏像は、所沢市の薬王寺に奉納されたが、戦時中の金属供出により失われた。

関紀夫氏が所蔵し郷土文化館に寄託されたものであるが、関家は谷保鋳物三家の一つで、江戸時代から明治初期まで鋳物業を営んでいた。梵鐘や仏像から鍋釜や農工具などの日用品を鋳造していたとの事で、郷土の鋳物業を立証する資料となっている。

来た道を戻り、南武線と京王線を乗り継ぎ多磨霊園駅で降りる。駅から歩いて7分～8分、東郷寺通りと旧甲州街道との交差点の脇に染屋不動尊があり、毎年11月3日に銅像阿弥陀如来立像がご開扉される。1261年に上野国八幡庄にて造立された善光寺式の阿弥陀像で、新田義貞が鎌倉攻めに際して陣中守護のため奉戴したと伝わる。像高48.8cmの小さな阿弥陀像であるが、今年はコロナの影響で開扉されなかった。

多磨霊園駅に戻り、京王線の調布駅で降りて、最後の目的地である深大寺を目指す。調布駅からはバスの便が多数出ているが、歩いても30分掛からない距離である。調布駅北口から天神通りを北に進み、布多天神社の鳥居を左折し、桐朋学園大学調布キャンパスの分かれ道を右に入ると高速道路が見えてくる。野川と中央自動車道を越えると深大寺南参道の石碑があり、参道の先に深大寺がある。

深大寺は浮岳山昌楽院深大寺と号する天台宗別格本山の寺院である。奈良時代の733年、満功上人が法相宗の寺院として開創したと伝えられる、東京都で浅草・浅草寺に次ぐ古刹である。

本尊は阿弥陀如来坐像で、本堂の須弥壇に観音菩薩・勢至菩薩と共に祀られている。像高は73．7cm、宝冠を戴き、納衣で両肩を被い阿弥陀定印を結ぶ姿は、天台寺院で常行三昧行を行う常行堂の本尊阿弥陀如来像に共通するものだそうである。調布市教育委員会の説明書によると、「引き締まった容姿や細やかで写実的な衣文の表現、割り矧ぎ造りの技法などから、鎌倉時代前期に制作されたものと考えられる」との事であるが、本堂の中はよく見えなかった。

深大寺には東日本最古の国宝仏である銅像釈迦如来倚像が祀られている。像高は83．9cm、飛鳥時代七世紀から八世紀初に制作された白鳳仏である。東京都では大倉集古館の普賢菩薩騎象像に次いで、2017年に国宝に指定された。兵庫県鶴林寺聖観音立像の御分身と共に、釈迦堂に安置されている。

やや垂れ眼のせいか、釈迦如来像の顔は正面から見るとにこやかに笑っている。螺髪が無いので、チャイナ帽をかぶっている様に見える。ややお腹を付き出し、背筋を真っ直ぐにして台座に座っている姿は、白鳳仏の気品を感じさせる。自然な形で施無畏印、与願印を結び、全ての人々の願いを受け入れようとしている様に見える。

古代インドグプタ朝で並脚倚座の如来像が生まれ、日本で倚像は飛鳥時代後期から、平城京遷都までの白鳳期の仏像に見られる形式である。白鳳期の金銅仏とされる仏像では、他に奈良市正暦寺の薬師如来倚像や八王子市真覚寺薬師如来倚像などがあり、石造浮彫の仏像では奈良県桜井市石位寺の伝薬師三尊石仏がある。日本では椅子を用いる文化が定着しなかった為かあまり普及せず、鎌倉時代以降禅宗寺院を中心に、主として高僧像の一類型として受容されたそうである。

本像は元三大師堂の須弥壇下に仮置きされたままになっていたものを、１９０９年に再発見され話題になった。優れた造形と高度な鋳造技法や奈良県新薬師寺香薬師像、法隆寺夢違観音像との類似性から、三体の仏像は畿内地域において、同系統の仏師によって制作されたとの説がある。深大寺に迎えられるまでの歴史については、多くの先生方が研究しておられるので、興味のある人は文献を読まれると良い。

深大寺に行ったら是非足を延ばしてほしいのが深大寺城跡である。武蔵野台地南端部の舌状台地に造られた平山城で、主郭（本丸）を中心として、空堀と土塁に囲まれた３つの郭を直線状に配置した連郭式の中世城郭である。台地の東西には開析谷によって形成された湿地帯や支谷があり、南側は国分寺崖線によって画されている。

深大寺城は、関東の覇権を争う小田原北条氏と扇谷上杉氏との攻防の中で、江戸城を北条氏綱に攻略された上杉朝興の息子朝定が、多摩川を挟んで北条氏側の小沢城に対抗するために、1537年に古城を再築したものである。同年7月、北条氏綱は直接扇谷上杉氏の本拠地河越城を攻め、朝定は松山城に敗走したため、深大寺城の軍事的意義は無くなりそのまま廃城になったと考えられている。

城跡は第一郭と第二郭の空堀や土塁等が復元整備され、平成9年6月から神代植物公園の水生植物園内の城址公園として公開されている。深大寺門前の喧騒を離れ、第二郭跡のベンチに腰掛け、空堀や建物跡の石柱を眺めながら当時に思いを馳せることは、かけがえのない贅沢な時間である。

善明寺：鉄仏阿弥陀如来坐像
(東京都文化財情報データベース提供)

◀善明寺：鉄仏阿弥陀如来立像
(東京都文化財情報データベース提供)

深大寺：国宝釈迦如来像・頭部
(深大寺提供)

深大寺：国宝釈迦如来像
(深大寺提供)

東京都　大円寺、蟠龍寺、五百羅漢寺と瀧泉寺（目黒不動尊）

東京文化財ウィークの仏像巡り第2弾はＪＲ目黒駅からスタートである。目黒駅西口を出て、目黒川へと続く行人坂を下ると、坂の途中に大円寺がある。大円寺は松林山大円寺と号する天台宗の寺院である。寺伝によると１６２４年、出羽湯殿山の修験僧大海法印が行人坂を切り開き、大日如来を本尊として創建したと伝えられる。

江戸の三大火事の一つに数えられる明和９年の行人坂の火事は、大円寺から出火した。この日は強い南西の風が吹いており、火は瞬く間に広がり、麻布、芝、郭内から、京橋、日本橋、本郷、下谷、浅草等に延焼し、千住まで燃え広がった。翌日は北風に変わったため、火は大伝馬町、馬喰町、浜町方面に広がった。延焼地域は長さ6里、幅1里で、江戸の約3分の1に及び、焼死者1万5千人、行方不明者4千人という大被害を生んだ。『新編武蔵風土記稿』には、この火事で焼死した人々を供養するために、境内に五百羅漢像を建立したと記述されている。釈迦三尊像の周りに十大弟子像と十六羅漢像が配され、背後に４９１基の羅漢像が並ぶ。像高は釈迦三尊像が１４７ｃｍ～１５５ｃｍ、十大弟子像が55cm～126cm、十六羅漢像が95cm、五百羅漢像が37cm前後である。五百羅漢像の中には宝暦13年（1763年）の刻銘も見られるが、多くは釈迦如来の刻銘、天明元年（1781年）以降の造立と思われ、大円寺が再建された時、ここに安置されたと考えられている。

本尊は木造釈迦如来立像で、本堂の左手にある釈迦堂に安置されている。東京文化財ウィーク2022特別公開として、10月29日～11月6日までご開扉される。像高162．8cm、カヤ材による寄木造で、1193年に造られた清凉寺式釈迦如来像である。京都清凉寺の開山奝然上人が北宋に渡り、インド伝来の釈迦如来像を模刻して日本に持ち帰った。清凉寺の釈迦如来像の形式を模した仏像を清凉寺式釈迦如来といい、釈迦在世中にその姿を写した像として信仰を集め、模像が各地で数多く制作されている。

大円寺の釈迦如来像は、眼は彫眼、白毫は金属製、両耳孔には水晶を嵌め込み、同心円状に衣文を刻み、衣の皺の峰に沿って截金線が入っているなど細かく模されている。手指の爪に至るまで忠実に模されており、原像の趣をよく伝えている。胎内から白銅製の菊花双雀鏡、紙本墨書紙片などが発見され、銅鏡の線刻から制作年代が判明している。

本堂には江戸城の裏鬼門（南西）を守護するために大黒天が祀られている。『江戸最初山手七福神』の一つで、開運招福大黒天は霊験あらたか、江戸の三大黒天として篤く信仰されている。大黒天の後ろの須弥壇には、木造十一面観音立像が安置されている。像高167．5cm、檜と思われる材質の一木造で、面相、眼の表情、体躯などに藤原時代の特色が表れている。

阿弥陀堂には阿弥陀三尊像が祀られている。中尊阿弥陀如来像は来迎印を結び、左足を垂下した半跏の姿、観音菩薩像は蓮台を持って左膝を立て、勢至菩薩像は合掌し右膝を立てた典型的な阿弥陀三尊像である。三尊形式で中尊が半跏座の姿をとる例は珍しいそうだ。両脇侍蓮台の木札に、明和7年（1770年）大仏師桃水伊三郎等の銘がある。

行人坂を下り、太鼓橋を歩いて行くと山手通りに突き当たる。歩道橋を渡り、山手通りを越えた所に蟠龍寺がある。蟠龍寺は正式名称を霊雲山称明院蟠龍寺と号する浄土宗の寺院である。元々は行人坂付近にあった称明院を、増上寺の霊雲上人が現在地に移し、1709年に再建したものである。山手七福神の一つであり、本堂横の石窟内に石像弁財天、弁天堂には木造弁財天が祀られている。

本尊は阿弥陀如来坐像で、本堂正面奥の須弥壇に安置されている。脇侍は無く、観音菩薩、勢至菩薩と書かれた聯（れん）が脇侍の代わりになっている。像高は約80cm、彫眼で、平安時代末期の制作である。正面と左右の壁には、宇治平等院の雲中供養菩薩を思わせる飛天が飛び舞っている。

蟠龍寺はユニークなお寺で、境内でアートイベントを開催している。この日はＫＡＩＲＩを中心メンバーとする、現代アーティスト７人による個性的な展示が行われていた。特に本堂内陣の阿弥陀如来の前には、フラワーアートと映像によって大曼荼羅が表されており、鑑賞者はお輪を鳴らすことで大曼荼羅の一部になるのだそうである。

拝観を終え副住職に謝意を表し、次の目的地の五百羅漢寺に向かう。五百羅漢寺は蟠龍寺の南方、山手通りを羅漢寺の信号で右折して１００ｍ程入った所にある。正式名称を天恩山羅漢寺（通称五百羅漢寺）と号する浄土宗系の単立寺院である。元禄８年（１６９５年）鉄眼道光禅師を開山として、江戸本所に黄檗宗の寺院として創建され、明治４１年現在地に移転した。本尊は木造釈迦三尊像で、本堂内陣の須弥壇に安置されている。

受付で拝観料を支払い境内に入る。すぐ右手に羅漢堂があり、１４６体の羅漢像が安置されている。ほとんどの像は開基の松雲元慶禅師が独力で彫りあげたものである。松雲禅師は托鉢で資金を集め、十数年を掛け本尊以下五百羅漢像５３６体を完成させた。近代以降、寺の衰退時に多くが失われ、羅漢像２８７体を含む３０５体が現存している。

羅漢像は像高78cm~90cm、全て寄木造、漆箔で、大多数の像が彫眼である。本堂では釈迦如来が羅漢たちに説法する光景が再現されているが、本堂に納めきれない羅漢像が羅漢堂に安置されている。羅漢たちはそれぞれ独特の表情、姿勢や仕草で釈迦の説法を聞き、熟慮している。あたかも大学の講堂で、高名な教授から哲学の講義を受けている学生の様である。

羅漢堂のほぼ中央に羅怙羅尊者が安置されている。羅怙羅尊者は釈迦の実子であり、十大弟子の一人でもある。自分の胸を両手で開いて、中にある釈迦の顔を見せている。「人は誰でも仏の心を宿している」という教えを示しているそうだが、まさに身を切る修行の成果である。

本堂には釈迦如来及び両脇侍像など、159体の仏像が安置されている。外陣に入った瞬間、その存在感に圧倒されそうになる。中尊の釈迦如来坐像は、像高356cm、寄木造、彫眼で、頭部が大きいので顔が引き締まって見える。釈迦を中心に弟子たちが一堂に会する説法会場には一体感があり、拝観する者に緊張感を与えている。

五百羅漢寺の西に隣接して目黒不動尊がある。目黒不動尊は泰叡山護國院瀧泉寺と号する天台宗の寺院である。開基は慈覚大師円仁とされる。瀧泉寺縁起によると、平安時代8

08年に、円仁が比叡山の伝教大師最澄のもとへ向かう途中、目黒の地に立ち寄った。その夜夢の中に不動明王が現われ、「我、衆生を済度するため、魔を伏し国を鎮めたい」とのお告げがあった。夢から覚めた円仁は、その尊容を黙想し、自ら像を彫刻し安置したのが瀧泉寺の創建と伝えられる。

江戸時代には徳川家光の帰依により堂宇伽藍の造営が行われ、『目黒御殿』と称されるほど華麗を極めた。五色不動（目黒・目白・目赤・目黄・目青）の一つとして江戸城守護、方難除け、江戸より発する五街道の守護にあてられ、江戸随一の名所となった。江戸時代後期には、湯島天満宮、谷中感応寺と並んで富くじが行われるようになり、行人坂から当寺の門前まで、料理屋や土産物屋が立ち並び大いに賑わった。

仁王門は三間一戸、朱塗りの楼門で、一対の仁王像が守護している。正面には大本堂に至る急な石段（男坂）がある。石段の下には独鈷の滝があり、二体の龍の口から水が湧き出ている。寺伝では、円仁が寺地を定めようとして独鈷を投げたところ、その落下した地から霊泉が湧き出し、今日まで涸れることがないという。

石段を上るとその先には大本堂が建っている。入母屋造りに千鳥破風をもつ大規模な仏堂で、建物の奥半分が一段高い傾斜地に立っているため、掛造の様になっている。本尊は不動明王像で、円仁が自ら彫ったといわれている。秘仏のため12年に一度、酉年に御開帳される。次回の御開帳は2029年の予定である。

大本堂の裏には銅像大日如来坐像が祀られている。総高385cm、座高281.5cmで、蓮華座に結跏趺坐し、法界定印を結ぶ胎蔵界大日如来像である。刻銘から江戸時代1683年に、鋳物師横山半右衛門尉正重によって制作されたことが分かる。本像は宝髪、頭部、身体、両腕、膝など十数か所に分けて鋳造し、それを寄せて一体とする吹き寄せの技法で造られている。現在は露座となっており、四方を四天王像が守護している。

目黒不動尊を出ると、参道の目黒不動商店街は門前町の面影は無く、住宅が多く立ち並んでいる。新しい店が多く、老舗の雰囲気のあるうなぎ屋や蕎麦屋も、昭和になって店を出したそうである。それでも、近くには天台宗寺院の蛸薬師成就院などもあり、目黒区の他の地域に比べれば、時間はゆっくりと流れている様な気がする。目黒駅東側の目黒通り沿いにも山手七福神のお寺があるので、いつか訪ねて違いを感じてみたい。

東京都　五島美術館、大倉集古館と早稲田大学會津八一記念博物館

今回の仏像巡りはお寺ではなく、普段中々行くことができない美術館や博物館での拝観である。最初に訪問したのは世田谷区上野毛にある五島美術館である。東急大井町線上野毛駅から上野毛通りを南下し、案内板のある交差点を右折して150m程歩いた所にある。緑多い住宅街の中に建つ、寝殿造りの要素を取り入れた建物である。

五島美術館は、東急グループの創始者五島慶太が自らの所蔵品を保存し、広く公開する目的で設立に着手し、亡くなった翌年の1960年4月に開館した。日本・東洋の古美術品を中心に、国宝5件、重要文化財50件を含む約5000件の収集品を所蔵している。

展示室は2室で、常設展示は無く、展覧会を年間6回~7回、そのうち特別展を1回~2回程度開催している。特に国宝『源氏物語絵巻』は毎年春の、国宝『紫式部日記絵巻』は秋の名品展でそれぞれ公開されている。訪問した日は日本経済新聞社との共催で、『西行』特別展が開催されていた。

美術館の敷地は約6万坪あり、奥に広大な庭園がある。本館の出入口から外に出ると、

多摩川が長い歳月をかけ、武蔵野台地を侵食して出来た国分寺崖線の傾斜地に雑木林が広がっている。五島家より寄贈された当時の姿を、出来る限り変更せずに残しているそうで、庭園内には石塔、石燈籠、石仏のほか、稲荷丸古墳という円墳がある。高低差が約35mあり、一周するのに15分程掛かる。

常設展示の無い五島美術館で唯一常設展示されているのが、重要文化財の木造愛染明王坐像である。展示室の入り口前に安置されている。説明書によると、「総高224.4cm、像高117.0cm、檜の寄木造、玉眼、漆塗り彩色仕上げで、鎌倉時代十三世紀に運慶が制作したと伝わる。頭上に獅子冠を頂き、左肩から条帛を回して腰布を着け、胸には金銅製胸飾りを掛ける。右手第1手には三鈷杵、第2手蓮華、第3手は矢を持ち、左手第1手に五鈷鈴、第2手は五指を握り、第3手は弓を持つ」との事である。

元々は鶴岡八幡宮寺愛染堂に伝来したが、明治3年5月に鎌倉寿福寺に遷された。その後、東京都あきる野市の普門寺、小泉策太郎、原富太郎（三渓）、清水建設を経由して五島慶太の手に渡った。普門寺は臨済宗建長寺派の寺院で、創建当初は寿福寺の末寺であった。普門寺塔頭の新開院薬師堂には、鶴岡八幡宮寺から遷された薬師三尊と十二神将像が今も安置されている。寿福寺も臨済宗建長寺派の寺院であり、明治維新の神仏分離による難を避けるため、同じ宗派の寺院に仏像を遷したものと思われる。

　愛染明王坐像を拝観していると、その大きさや忿怒の表情、逆立つ髪毛に圧倒される。両肩から出ている6本の腕も自然な感じで違和感がない。鎌倉時代十三世紀の運慶作との説明から、横浜市称名寺塔頭光明院の大威徳明王坐像に顔の雰囲気が似ていると思った。

　しかしながら、家に帰って写真を見比べてみると違いに気付く。光明院の大威徳明王坐像は、運慶最晩年の作品らしく顔の表情に気品がある。瀬谷貴之氏著『運慶と鎌倉仏像』中にある、五島美術館の愛染明王坐像は、「当初の像は運慶が制作した可能性が高いが、現存する像は鎌倉時代中期に忠実に再現されたらしい」との解説に納得させられる。

　五島美術館を出て、次の目的地の大倉集古館に向かう。大倉集古館は港区虎ノ門にある日本初の私立美術館であり、1917年8月に開館した。大倉財閥の創始者大倉喜八郎が蒐集した日本・東洋各地域の古美術品と、嫡子喜七郎が蒐集した日本の近代絵画を中心として、国宝3件、重要文化財13件、重要美術品44件を含む約2500件の美術品を収蔵している。

　大倉集古館では、2022年11月1日~2023年1月9日までの期間、企画展『大倉コレクション・信仰の美』が開催されている。喜八郎が蒐集した仏教美術品は、中世から近世に至る優品が多く、中でも普賢菩薩騎象像は国宝に指定されている。

展示室は1階と2階に分かれており、1階の『古代仏教と古経の世界』では、聖徳太子勝鬘経講讃図が展示されている。聖徳太子が勝鬘経の経典について、その教えを講義している姿を描いたもので、鎌倉時代十四世紀の制作である。また、『密教―修法と尊厳―』では、虚空蔵菩薩像（南北朝時代十四世紀）と愛染明王像（鎌倉時代十四世紀）が展示されている。これらはいずれも重要美術品に認定されている。

2階の『法華経と国宝普賢菩薩騎象像―美しきほとけへの祈り―』では、展示室中央に普賢菩薩騎象像が展示されている。白象の背に乗せた蓮華座で合掌している姿は、法華経の普賢菩薩勧発品第二十八の経説に一致している。像高は55．2cm、檜の寄木造、彩色、截金入りで、平安時代十二世紀の制作である。定朝の系譜を継ぐ円派仏師が制作した可能性があるとの事である。小さな仏像ではあるが、現存する普賢菩薩騎象像の中では最大のものである。

五島美術館で拝見した愛染明王坐像が『動の仏像』とすれば、普賢菩薩騎象像はまさに『静の仏像』である。普賢菩薩像も白象も穏やかな表情をしている。静かに合掌している普賢菩薩の姿は気高く、古より多くの人を引き付けてきたことだろう。

大倉集古館を出て、溜池山王駅から南北線に乗り、飯田橋駅で東西線に乗り換え早稲田駅で降りる。早稲田駅から歩いて5分程で早稲田大学早稲田キャンパスに着く。大学2号館會津八一記念博物館では、9月20日~11月15日まで、企画展『下総龍角寺展』が開催されている。

龍角寺は千葉県印旛郡栄町にある、天竺山寂光院龍角寺と号する天台宗の寺院である。かつての伽藍から出土した瓦は、蘇我氏が造営した山田寺の瓦を祖型としており、七世紀後半の飛鳥時代に創建されたと考えられている。早稲田大学では1947年以降、継続して龍角寺の調査を行ってきた。その調査結果を踏まえ、本企画展では龍角寺の歴史を様々な観点から紹介している。

博物館の中に入ると、一番奥の富岡重憲コレクション展示室に、銅造薬師如来坐像が安置されている。像高は130cm、顔の長さは19.7cm、顔の幅は17cmである。首から上が白鳳期の制作であり、元禄年間(1688年~1704年)の火災により首から下が失われた。現在の首から下の部分は、正徳年間(1711年~1716年)に改めて鋳造されたものである。

薬師如来坐像はチャイナ帽の様な頭髪、豊かな耳、やや下膨れの顔に切れ長の目をしている。眉から鼻筋にかけて深い線があり、唇を軽く結んでいる。アルカイックスマイルとは異なる白鳳期独特の微笑みで、日本人好みの表情になっている。

大化の改新（645年）から平城京遷都（710年）までの、建築や絵画、彫刻などが著しく進化し、仏教文化が華開いたおおらかな時代を、美術史上白鳳時代と呼んでいる。663年の白村江の戦いで日本・百済連合軍が大敗した後、官人を含む多くの人々が百済から日本に逃れて来た。また、高句麗からも多くの渡来人が亡命し、その影響からか、飛鳥時代の仏像の特徴であった古典様式に変化が見られる様になった。

如来坐像では、裳裾の襞が自然な衣の流れへと変化し、体躯は銅という金属でありながら自然さを増して、肌の柔らかさと温もりを感じさせる。面長であった頭部は丸みを帯び、表情は子供の様な若々しさと明るさが感じられるようになる。眼は大きく見開いた杏仁形から、瞑想するかの様な半眼へと変化している。奈良県興福寺に伝わる山田寺講堂本尊像の仏頭、京都府蟹満寺の釈迦如来坐像や東京都深大寺の釈迦如来倚像、奈良県法隆寺の橘夫人念持仏と伝わる阿弥陀三尊像と夢違観音立像、奈良県新薬師寺の香薬師立像などがこの時代の代表作とされている。

2階の會津八一コレクション展示室では、龍角寺と周辺の龍角寺古墳群からの出土品が展示されている。寺域からは、金堂と塔が並立した伽藍の遺構が検出され、出土した軒丸・軒平瓦などが展示されている。東国では4例目となる塼仏（粘土で型取りして成形した半肉彫りの仏像）も展示されている。

また、古墳群からは、浅間山古墳出土の金銅製の冠飾や須恵器平瓶などのほか、龍角寺尾上遺跡出土の土器や鉄釘、向台遺跡出土の土器や硯、上谷遺跡・池ノ下遺跡出土の土器などが多数展示されている。中近世の龍角寺から出土した銅製経筒や、元禄金堂復元模型なども展示されている。

金銅仏の位置づけについては、早稲田大学會津八一記念博物館発行の企画展示図録『下総龍角寺』の文章を引用すると、「本像は白鳳彫刻、東国の古代仏像を扱う場合必ず取り上げられてきたが、近年ではその鋳造技法や造形的なレベルの高さから検討をうながす意見が多い。たしかに岩佐氏（注1　岩佐光晴氏論考）の指摘にあるように型持や笄（注2　こうがい・へら状の金属）を用いずに鉄心のみで銅厚を均等にして鋳造する技法は手慣れており、像内の平滑な鋳肌からも高い技量が看取される。（中略）すでに指摘されているように面長でふくよかな顎に、顎の括りをあらわす点は薬師寺金堂薬師三尊像に共通しており、本像の顎の造形は薬師寺金堂三尊像に近いといえる。研究者によって意見の分かれる薬師寺金堂三尊像の制作年をいつにするのかは本稿では言及できないが、鋳造技法をも勘案すれば興福寺仏頭以後、薬師寺金堂三尊像制作の前後に本像が位置すると考えられ、早くとも七世紀最末期から八世紀初頭に制作時期を求めるべきであろう」（注1、注2筆者加筆）との事である。今後研究が進み、金銅仏の生い立ちがより明確になることを願うのみである。

※参考文献等
江里康慧著　仏師から見た日本仏像史　ミネルヴァ書房
早稲田大学會津八一記念博物館
下総龍角寺

龍角寺：薬師如来坐像
(奈良国立博物館提供)

鎌倉市　英勝寺、海蔵寺、浄光明寺と極楽寺

『関東にあるお寺と仏像』としては、鎌倉は三度目の訪問である。10月13日に鎌倉の仏像巡りをした際、雨のため浄光明寺の仏像を拝観することができなかった。今回はその浄光明寺の仏像拝観が目的であるが、他にもまだ拝観していない仏像があるので、この機会に訪問することにした。

鎌倉駅から小町通りを北に向かって歩いて行く。横大路に入って横須賀線の線路を渡ると、突き当たりに寿福寺があり、寿福寺の北に英勝寺がある。英勝寺は東光山英勝寺と号する浄土宗の寺院で、徳川家康の側室であった英勝院を開基とする尼寺である。縁切り寺として知られる東慶寺も元は尼寺であったが、明治時代以降は臨済宗円覚寺派の男僧寺になっているため、英勝寺は鎌倉で唯一の尼寺となっている。

英勝院は太田道灌の5代の子孫で、太田道灌の屋敷跡と伝えられる場所に英勝寺を創建した。開山は水戸藩初代藩主徳川頼房の娘玉峯清因（徳川光圀の姉）で、以降水戸徳川家のお姫様が庵主（尼寺の住職）を務めた。そのため水戸家の御寺と称えられ、法要に際し

ては、徳川将軍菩提寺の増上寺などから僧が派遣された。本尊は阿弥陀三尊像で、徳川家光の寄進と伝えられる。

総門は普段閉ざされており、洋風の通用門から境内に入る。正面の一段高くなった場所に書院があり、書院の前には竹林が広がっている。周囲に散策路が整備されていて、ぐるっと一周することができる。報国寺の竹林も素晴らしいが、英勝寺の竹林はより自然に近い感じで、落ち着いた気分になれる。

山門は三間一戸の二重門で、入母屋造り、瓦棒銅板葺きである。水戸光圀の兄、高松藩主松平頼重によって造営された。関東大震災で倒壊したが、2011年に旧部材を用いて復興された。楼上には阿弥陀三尊像と十六羅漢像が安置されている。鐘楼は袴腰鐘楼と呼ばれる腰板が末広がりの建築様式で、鎌倉では唯一のものである。

山門の正面には仏殿が建っている。仏殿は桁行三間、梁間三間、寄棟造り一重裳階付きの建物で、正面の小窓を開けると、本尊の阿弥陀三尊像を拝観することができる。中尊、脇侍像共に金箔が良く残り、金銅色が美しい仏像である。仏殿の説明板には運慶作と伝えられていると書かれているが、何処の寺から持ってきたかは不明である。

この他にも、祠堂や唐門は国の重要文化財に指定されており、祠堂の中には英勝院の位牌が納められ、裏側には英勝院墓が建っている。また、英勝寺は花の寺としても知られ、春は白藤に躑躅、夏は紫陽花、秋は彼岸花、冬には柊や水仙など、四季を通して花の絶える時がない。

英勝寺を出て、同じ扇ガ谷にある海蔵寺に向かう。海蔵寺は扇谷山海蔵寺と号する臨済宗建長寺派の寺院である。１２５３年、鎌倉幕府第６代将軍宗尊親王の命により藤原仲能が創建し、七堂伽藍が建てられた。１３３３年、鎌倉幕府滅亡時に焼失したが、１３９４年４月、鎌倉公方足利氏満の命により上杉氏定が再興した。開山は源翁禅師（心昭空外）である。

山門から境内に入ると、本堂の左手前に仏殿（薬師堂）が建っている。仏殿は寄棟造り桟瓦葺きで、禅宗様を基調としている。１７７６年浄智寺から移築し、翌年入仏供養を行ったと伝えられる。本尊の薬師如来坐像は光背と顔が金色に光り、頭は白髪、衣はオレンジ色に見える。右手で施無畏印を結び、左手は右手とほぼ同じ高さに薬壺を持ち、蓮華座に坐っている。脇侍の日光菩薩・月光菩薩像は全身が金色で、左右対称に蓮の花を持ち、その後ろには十二神将が守護している。

薬師如来像は啼薬師・児護薬師とも呼ばれており、像の胸の内部に、源翁禅師が裏山の墓域から掘り出したと伝えられる薬師如来の仏面を納めている。以来仏面は61年毎に御開帳するのを慣わしにしている。日光菩薩・月光菩薩像は遠くてよく見えなかったが、写真で見ると素晴らしい仏像である。眷属の十二神将像は、仏師三橋永助康運によって造立された。

海蔵寺を出て、来た道を戻り浄光明寺に向かう。浄光明寺に近づくに従って胸がドキドキしてくる。英勝寺前の踏切を越え、扇谷上杉管領屋敷迹の石碑の先を右折すると、浄光明寺の山門が見えてくる。元々は英勝寺の総門であったが、関東大震災の後民間に売却され、大正15年に浄光明寺に寄進された。

浄光明寺は泉谷山浄光明寺と号する真言宗泉涌寺派の寺院で、準別格本山の寺格が与えられている。創建は1251年頃で、開山は真阿和尚（真聖国師）、開基は鎌倉幕府第6代執権北条長時と伝えられる。長時は1264年36歳で死去し、浄光明寺に葬られた。それ以降、この寺は長時に始まる赤橋流北条氏の菩提寺と位置付けられた。後醍醐天皇から謀反の疑いをかけられた足利尊氏が、挙兵する直前に謹慎していた寺と伝えられている。

境内に入ると向かって左に客殿、右に不動堂がある。客殿には元寇に際して、蒙古退散を祈祷した愛染明王像が安置されている。正面の階段を上った一段高い場所に仏殿と収蔵庫があり、ここからは拝観料が必要になる。収蔵庫には本尊の阿弥陀如来及び両脇侍像と地蔵菩薩立像が安置されている。

　収蔵庫の前で住職が約２０分間仏像の説明をしてくれた。中尊の阿弥陀如来坐像は、像高１４０ｃｍ、檜の寄木造、玉眼で、宝冠を被り、蓮華座の上で説法印を結んでいる。胎内から水晶の五輪塔と墨書が発見され、北条久時の発願により１２９９年に制作されたことが判明した。脇侍の観音菩薩・勢至菩薩坐像は像高約１ｍで、髻を高く結び、座禅を組む足を崩して、片方の足を前に出している。作風の違いから、中尊よりも制作年代が古い可能性があるとの事である。

　阿弥陀如来坐像は衣や膝頭などに白っぽく傷んだ様に見える部分があるが、これは土紋と呼ばれる装飾方法である。中国宋の影響を受けた鎌倉仏師が、鎌倉地方特有の造像技術として開発した。土紋のある仏像は鎌倉でも数が少なく、現存するのは浄光明寺の阿弥陀如来坐像の他には、先日拝観させて頂いた東慶寺聖観音菩薩立像、来迎寺の如意輪観音像など七体程しかないそうである。

　地蔵菩薩立像は収蔵庫内の南側に安置されている。足利直義（尊氏の弟）の念持仏と伝えられ、戦いの中で直義のために矢を拾い集めたとの伝承から、矢拾地蔵と呼ばれている。寄木造、彩色で、衣紋には截金が施されている。目鼻立ちも整っており、洗練された美しさを持った像で、南北朝時代に制作された。

仏殿は本尊阿弥陀三尊像が安置されていたため阿弥陀堂と呼ばれる。現在は三世仏が祀られており、向かって左に過去仏としての阿弥陀如来、中央に現在仏としての釈迦如来、右に未来仏としての弥勒如来が並んでいる。総本山の京都泉涌寺の三世仏は、釈迦如来が過去仏、阿弥陀如来は現世仏になっており、位置づけが違っているのが面白い。

説明して頂いた住職に謝意を表し、来た道を戻り鎌倉駅に向かう。鎌倉駅から江ノ電に乗り、極楽寺駅で降りる。駅から歩いて5分、改札の反対側に極楽寺がある。

極楽寺は霊鷲山感應院極楽律寺と号する真言律宗の寺院である。北条義時の三男重時を開基とし、良観律師（忍性）を開山として1259年に建立された。本尊は釈迦如来立像で、京都清凉寺の釈迦像を模した清凉寺式釈迦如来像である。秘仏であり、毎年4月7日~9日の3日間のみ公開される。

山門の通用口から境内に入ると、桜の木々が立ち並ぶ参道の先に本堂があり、不動明王坐像が祀られている。本堂の手前に宝物館があり、秋季は10月25日~11月25日の火曜日・木曜日・土曜日・日曜日に開館している。御朱印所で拝観料を支払いお願いすると、宝物館の鍵を開けてくれる。宝物館の中央には本尊の釈迦如来立像が安置されているが、厨子の扉が閉まっており拝観は出来ない。釈迦如来立像の隣には十大弟子が左右五体ずつ並び、向かって左の奥に不動明王坐像、右に釈迦如来坐像が安置されている。

本尊の釈迦如来立像は、総本山である奈良県西大寺の清凉寺式釈迦如来像に近いとの事である。十大弟子像は木造、彩色で、二体の像内に墨書があり、１２６８年鎌倉時代に制作されたことが分かる。不動明王坐像は、廃仏毀釈で廃寺になった島根県益田市の瀧蔵山勝達寺から遷されたものである。像高９１．５ｃｍ、檜の一木造で、十二世紀平安時代の制作である。

釈迦如来坐像は像高９０ｃｍ、寄木造、漆塗で、十三世紀鎌倉時代の制作である。奈良仏師の善慶作とされているが、忍性が極楽寺の開山となったのは善慶の没後であることから、息子善春の作との説がある。

忍性が切り開いたとされる極楽寺切通は、鎌倉と京都を結ぶ重要な出入口であった。新田義貞の鎌倉攻めに対して、北条方が強固な木戸で切通を閉ざし、ここからの侵入を防いだとされる。当時の切通は成就院境内の高さにある細い崖道だったそうだが、今では由比ヶ浜や材木座海岸を見渡すことができる風光明媚な場所である。当時の鎌倉の風景を想像しながら、切通しを通って長谷駅まで歩いて帰ることにした。

茨城県　雨引観音楽法寺、観音寺と羽黒神社

今回の仏像巡りはJR水戸線岩瀬駅からスタートである。岩瀬駅から筑波山口方面行き桜川市バス『ヤマザクラGO』に乗ると、約20分で雨引観音に着く（但し、土曜日、休日しか雨引観音まで行かないので注意）。雨引観音は筑波連山北部の雨引山の中腹にあり、岩瀬駅～御嶽山～雨引山～雨引観音縦走コースは登山ルートになっている。

雨引観音は雨引山楽法寺と号する真言宗豊山派の寺院である。587年、中国の帰化僧法輪独守居士が開山したと伝えられ、延命観世音菩薩を本尊とする。『雨乞い』の寺といわれ、821年夏に大旱魃が起こった時、嵯峨天皇が当寺にて降雨を祈らせたところ、国中が大雨に潤った。嵯峨天皇は感動し、勅命によって、当寺の山号を雨引山と定めたことに由来する。『雨乞い』の名の通り、今日は朝から雨が降っている。晴れの日には、境内から筑波山や富士山まで望めるのであるが、景色は雨に霞んでいた。

本尊の観世音菩薩は秘仏で、2014年と2021年に一年間御開帳されたが、今日は御開帳日ではない。2020年11月、東京藝術大学大学美術館で文化財保存学教授籔内

佐斗司氏の退任記念展が行われた際に、楽法寺の金剛力士像を拝観させて頂いた。その金剛力士像が大学での修理を終え、お寺に里帰りしていると聞き、実際に祀られている姿が見たいと思い訪問した。

バス停から道路横の階段を上ると山門がある。江戸時代中期に再建されたもので、二階造りの上層に縁を張り出して、高欄を巡らせた楼門形式の門である。下層正面の左右には金剛力士像が安置されており、2年ぶりのご対面の筈だった。しかしながら、期待は裏切られてしまった。山門に安置されている金剛力士像は、東京藝術大学大学美術館で拝見したものとは別の像だったのである。

金剛力士像は損傷が激しかったため、2017年から東京藝術大学において修復作業が行われた。像高は阿形、吽形像共に2.4m、檜の割矧造りで内刳りが施されている。後世の修理による分厚い塗膜によって本来の姿が覆い隠されていたが、今回の修理で塗膜を除去すると素晴らしい造形が現われた。その形状は運慶の新様式『東寺南大門様』と共通しており、鎌倉時代前期に制作された東日本最古の作例と考えられている。お寺ではコロナ禍の収束状況をみて公開する予定との事である。

楽法寺から桜川市バスで岩瀬駅に戻り、水戸線の電車に乗り下館駅に行く。下館駅から真岡鐵道に乗って折本駅に行くのであるが、改札に券売機がない。真岡鐵道の駅員に手書の切符を発券して貰い電車に乗ると、車内に「真岡鐵道はスイカ、パスモは使えません」の注意書きが貼ってあった。

折本駅から下館駅方向に15分程歩いて行くと観音寺がある。観音寺は施無畏山延命院観音寺と号する天台宗の寺院で、筑西市中館の五行川沿いにある。寺伝によると、法輪独守居士が中館の地に至り、観音菩薩像を安置したのが始まりとされている。左大臣安倍倉梯麻呂の娘の熱病を平癒させたことから、孝謙天皇より『延命』の称号を賜ったと伝えられる。

観音寺では11月23日12時~14時30分まで、本尊観世音菩薩立像が御開帳される。11時30分頃に観音寺に着くと、住職が準備をしている最中であった。雨が降っていたので、観音堂の中で待っている様に勧められる。本尊が祀られている観音堂は、火災のため江戸時代初期に再建されたもので、木造平屋瓦葺き、主にケヤキ材を用い、桁行五間、梁間五間の方形造りで、前面二間を外陣、奥三間を内陣とする。

外陣の左右には一対の金剛力士像が祀られている。阿形像、吽形像共に寄木造、玉眼で、頭部内に墨書があり、1677年仏師原田左京が制作したことが記されている。火災で山門が焼失したため、観音堂に祀られているとの事であった。

本尊の観世音菩薩立像は須弥壇中央の収蔵庫に祀られている。像高101．7cm、檜の寄木造、彫眼で、髻を高く結い、宝冠を被り蓮華座の上に立っている。光背は輪光で径33．9cm、腕が6本あり、天衣を両足首まで垂らしている。鎌倉時代の制作で、年に一回観音護摩講または法華三昧会の行事に御開帳される。秘仏のためか古色も残り、上半身は青色、下半身は青茶色に見える。

6本の手には夫々持物があり、右の第1手は肘を曲げ胸の前で五鈷杵を持ち、第2手は曲げて前に出して未敷蓮華を持ち、第3手は曲げて宝箭を持っている。左の第1手は肘を曲げ腹の前で五鈷鈴を持ち、第2手は曲げて前に出して鉾を持ち、第3手は曲げて宝弓を持っている。須弥壇のすぐ前で拝観させて頂いたが、整った顔で全体のバランスが良く、立ち姿が非常に美しい仏像と感じた。

須弥壇に向かって右に不動明王立像、左には毘沙門天立像が祀られている。両像共に寄木造、玉眼で、不動明王立像は鎌倉時代、観世音菩薩立像と同時代に制作されたそうである。右手に三鈷剣、左手に羂索を持ち、やや腰を捻って立つ基本的な不動明王像であり、なかなか見ごたえのある像である。

観音寺を出て、再び下館駅を目指して歩いて行く。真っ直ぐの道を約40分歩き、大町通りに入ると羽黒神社がある。約束の時間には少し早かったので、アルテリオに立ち寄ってみる。アルテリオは地域交流センターのほか、市民協働まちづくりサロン、しもだて美術館などの複合施設になっている。

1階の郷土展示コーナーには、下館祇園まつりの神輿が展示されている。祇園まつりは7月最終週の木曜日から4日間（開催期間が8月にまたがる場合は、前週の木曜日から4日間）行われ、2基の大神輿を中心に女子神輿、子供神輿など30基を超える神輿が夜の街を練り歩く勇壮なお祭りである。2基の神輿のうち明治神輿は重さ1トン、北関東一の大神輿といわれ、平成神輿は重さ2トンで、毎年担ぐ神輿としては日本最大級といわれている。そして、この大神輿を担ぐ団体を『伊達組』といい、この地が仙台・伊達家のルーツであることを示している。

羽黒神社は1478年、初代水谷勝氏が下館城を築いた際、領内安堵を願って出羽三山（山形県）の羽黒神社を勧請し、下館城の鬼門・風門・病門・天門にもそれぞれ神社を設け、五羽黒神社が建立された。その後、第6代正村が久下田城（くげたじょう）を築城した際、更に2社が建てられ七羽黒になった。

下羽黒神社は七羽黒の本宮（中宮）にあたり、ご祭神は大己貴命（大国主命）と玉依姫命である。本殿は１６３４年に建立された。収蔵庫に愛宕明神立像と狛犬が安置されており、到着の連絡をすると、宮司さんが出てきて収蔵庫の扉を開けてくれた。

愛宕明神立像は像高９３．７ｃｍ、檜の寄木造、彩色、玉眼で、鎌倉時代末期から南北朝時代に制作された。十二天の火天であり、羽黒神社の境内社である愛宕神社の御神体である。総髪で口を閉じ、目を大きく見開いている。背中に羽を付け、左手に澡瓶、右手に仙杖を持ち岩座の上に立っている。忿怒というよりは愛らしい表情をしており、着ている鎧や裳の彩色もよく残している。

狛犬の像高は、阿形像６１．７ｃｍ、吽形像６１．３ｃｍ、像長はそれぞれ５２．３ｃｍ、４９．２ｃｍである。檜の割矧造りで、顔やたてがみ、四肢等の筋肉、蹄などが写実的に彫刻され、全体的にバランス良く表現されている。鎌倉時代後期の制作で、尻尾と吽形の角が失われているが、愛宕明神立像に似た愛嬌のある像である。

その他、水谷家第８代勝隆の子、勝宗の武運長久を祈願して、家老の鶴見内蔵助忠俊が奉納した絵馬（檜材、縦９８ｃｍ、横１３０ｃｍ）や、羽黒大権現の本地仏である聖観音菩薩が彫られた鏡や版木など、神社に伝わる貴重な文化財を拝見させて頂いた。

筑波山周辺には沢山の社寺があり、素晴らしい仏像が数多く残されている。当時の文化水準の高さを実感すべく、改めてこの地域の仏像巡りをしてみたいと思う。

※参考資料
雨引山楽法寺金剛力士像（阿形）の修復研究報国発表会２０２０オンライン

楽法寺：金剛力士像・吽形
（筆者撮影）

楽法寺：金剛力士像・阿形
（筆者撮影）

小田原市　東学寺、箱根町　興福院と箱根神社

『関東にあるお寺と仏像』巡りも十七回目を迎えた。これもひとえに、仏像を拝観させて頂いた住職や宮司さんのご厚意の賜物であり、改めて感謝を申し上げたい。

さて今回は、神奈川県西部の小田原市と箱根町にある寺社を訪問した。小田急線新松田駅から御殿場線に乗換え、松田駅から3駅目の下曽我駅で降りる。駅から南に向かって、20分程歩いた所に東学寺がある。東学寺は元光山東学寺と号する臨済宗建長寺派の禅寺で、1368年南北朝時代に大年祥燈禅師によって創建された。開山禅師は後に京都五山の建仁寺や、南禅寺の住持を歴任した高僧である。

本尊は釈迦如来立像で、京都清凉寺の釈迦如来像を模した清凉寺式である。像高167cm、檜の寄木造で、体部が前後矧ぎになっている。縄目状の頭髪、彫眼で黒珠の瞳、水晶入りの耳孔、流波状衣文の通肩法衣など、清凉寺式の特徴を有している。像の胎内に木札が納められており、梅檀香木でこの像を作ったという清凉寺式の由緒（伝承では、清凉寺の像は赤梅檀というインドの香木で作ったとされる）が記載されている。開山禅師が京

の仏師に彫らせ、東学寺の創建時の本尊として安置したものと推測されている。

　神奈川県内には他に鎌倉市の極楽寺、横浜市称名寺と真福寺に清涼寺式釈迦如来像がある。極楽寺の釈迦像は台座墨書から１２９７年に制作され、称名寺像は胎内の墨書銘から１３０８年に制作されたことが分かっている。真福寺像は十三世紀鎌倉時代に制作され、極楽寺、称名寺像と比較して清涼寺の原型に近く、時代的に遡るものと評価されている。三体共に彩色を施さない素木仕上げで、国の重要文化財に指定されている。

　東学寺の釈迦如来像は四体の中では一番新しく、修復の際防虫加工の彩色を施したため黒い像になっている。また両手、両足は後補されているが、頭髪や表情、衣文線などは美しく、彫刻的価値は高いと思われる。平成４年に神奈川県の重要文化財に指定されているが、神奈川県に残る数少ない清涼寺式釈迦如来像として、国の重要文化財に指定されることを期待したい。

　箱根湯本駅から元箱根港行き登山バスに乗ると、畑宿と箱根宿のちょうど中間辺りに甘酒茶屋がある。江戸時代、東海道の箱根地域は道が大変険しかったため、道中には甘酒を振舞う茶屋が設けられるようになった。文政年間（１８１８年~１８２９年）には箱根地域に９軒の茶屋があったそうだが、明治になって街道を通る人々が減少し、現在では甘酒茶屋1軒だけが残っている。

茅葺屋根の古い建物で、店内は薄暗く木卓と木の椅子が置いてある。奥には囲炉裏もあり、天井が高く吹き抜けになっている。入口近くに帳場があり、甘酒を注文して待っていると、ひっきりなしに客が入ってくる。日本人ハイカーのほか、思ったよりも外国人観光客が多いのには驚かされる。

米と麹菌だけを使い、昔ながらの製法で作る甘酒は、甘さ控えめで、麹の香りが立ち、とろっとした食感である。酒粕を使っていないので癖がなく、すっきりとしている。お供にふきのとうが添えられていて、ふきのとうのほろ苦さと、甘酒のほんのりとした甘さが絶妙の組み合わせである。

興福院は箱根神社に行く途中、元箱根の信号手前を右に入った所にあり、境内に旧東海道（箱根旧街道）の出入口がある。正式名称を瑞龍山興福院と号する曹洞宗の寺院で、天文年間（1532年～1555年）に、融山によって開山された。融山は箱根権現の別当寺であった金剛王院東福寺の別当であり、興福院は東福寺の支院として創建された。神仏分離により箱根権現は箱根神社となり、東福寺は廃寺になったため、東福寺の寺宝は散逸したがその一部が興福院に遷された。

拝観のお願いをしていたので、伺うと住職が弘法堂の扉を開けてくれた。正面の須弥壇には、右手に五鈷杵、左手に百八顆の念珠を執る弘法大師像が祀られている。興福院は曹洞宗の寺院であるが、創建当初は真言宗の寺院であったためと思われる。

右手のガラスケースには普賢菩薩坐像と菩薩頭が安置されている。普賢菩薩坐像は像高49cm、寄木造、玉眼である。像底の朱書銘により、1297年箱根権現別当尊実の発願によって造立され、別社である能善明神の本地仏として祀られていたことが分かる。

髻を高く結い上げ、整った綺麗な顔で蓮台に坐っている姿はバランスが良い。彫り口も全体に浅く柔らかで、膝前の裳先に見られる波形の衣文などは、旧鶴岡八幡宮愛染明王像（現五島美術館）や称名寺愛染明王像と同じやり方でありながら、更に技巧的なものになっている。

菩薩頭は東福寺が所蔵していたと伝えられるもので、頭部の右半分が残り、左目の半分から外側は失われている。髻を高く結び、頭頂から顎までは40cm程である。地髪の上に頂く天冠台の細かい連珠文を彫刻する技法は巧みで、伏し目がちな両目や、穏やかな作風、髪部など一種しなやかな質感を示す彫り口など、平安時代末期の菩薩像として注目される出来のものだそうである。

この他、堂内には室町時代制作の千手観音立像や地蔵菩薩坐像、江戸時代制作の阿弥陀如来坐像や不動明王及両脇侍像、地蔵菩薩立像、不動明王立像、愛染明王坐像などが安置されており見所満載である。途中で住職が庫裏に戻られたので、一体一体じっくりと拝観させて頂いた。

拝観を終え住職にお礼を述べた後、本日最後の目的地箱根神社に向かう。箱根神社の創祀は『筥根山縁起并序』によると、第5代孝昭天皇の御代、聖占仙人が箱根山の駒ケ岳に神仙宮を開き、同主峰の神山を神体山としてお祀りしたことに始まり、関東における山岳信仰の一大霊場になった。757年箱根山に入峰した万巻上人が、箱根大神のご神託を授かり、勅願をもって現在の地に社殿を建立した。この箱根大神を奉斎する社は『箱根三所権現』と号し、仏教とりわけ修験道と習合し信仰を集めてきた。

源頼朝は箱根神社を深く信仰し、二所詣（箱根権現と伊豆山権現への将軍家参詣）を創始した。鎌倉幕府歴代将軍による参詣は幕府の恒例行事となり、箱根神社は鎌倉幕府の祈願所とされた。1612年徳川家康は大規模な社殿造営を行い、東海道が整備され箱根宿や関所が設置されると、交通安全祈願所として庶民信仰の聖地へと変わっていった。御祭神は箱根大神（瓊瓊杵尊、木花咲耶姫命、彦火火出見尊）で、御三神を併祀して『箱根大神』と奉称しお祀りしている。

参道の石段を上り、本殿にお参りをした後で宝物殿を見学する。1階が受付になっており、2階常設展示室には神社伝来の彫刻、絵画、古文書、工芸品などが時代別に陳列、展示されている。拝観料を支払い常設展示室に入ると、万巻上人坐像が迎えてくれる。

万巻上人坐像は像高85．5cm、カヤの一木から頭と体の主要部を彫成し、別木で作った両膝部を矧ぎ付けている。内刳りは無く、両手先は後補である。左目の上下と胸から腹にかけて裂け目があるが、その他はよく保存されている。頭が大きく、目を伏せて薄っすらと微笑んでいる様に見える。耳たぶが長く、頸に三道を刻んでいるが、納衣や衣文の表現も自然な感じで、実在の人物の迫真性が感じられる。

本像はその構造・作風とも平安初期一木彫成像の特質が明らかであり、万巻上人没後間もない頃の制作と思われる。関東に残る肖像彫刻としてばかりでなく、平安時代初期の貴重な作例として、我国彫刻史上に占める位置はきわめて高いとの事である。

箱根神社宝物殿には常設展示の万巻上人坐像のほか、企画展示として、国の重要文化財に指定されている男神坐像と女神坐像（平安時代制作）や、神奈川県指定文化財の銅造男神坐像と女神立像（鎌倉時代制作）などが随時公開されている。また、小田原市や箱根町には、今回拝観させて頂いた寺社の他にも、文化的価値のある仏像が祀られている古刹がある。今後御開帳の機会などを利用して、是非とも拝観させて頂きたい。

※参考文献

神奈川県文化財図鑑　彫刻篇　1975年

東学寺：釈迦如来立像（筆者撮影）

東京都　増上寺、観音寺と護国寺

港区芝公園にある増上寺において、10月1日～11月27日まで、国指定重要文化財の三解脱門が特別公開された。三解脱門は1622年に再建され、建立四百年記念として11年ぶりに一般公開されたものである。浜松町駅から大門通りを歩き、第一京浜を渡ると芝大門の交差点に増上寺の赤門がある。赤門を通って更に進んで行くと、日比谷通りに面して三解脱門がある。

増上寺は三縁山広度院増上寺と号する浄土宗七大本山の寺院である。関東での正統念仏道場として、1393年酉誉聖聰上人により、江戸貝塚（千代田区紀尾井町）に創建された。1598年現在地に移転し、江戸期には寛永寺と共に徳川将軍家の菩提寺として隆盛を極めた。浄土宗の宗務を統べる総録所、関東十八檀林の筆頭であり、最盛期には広大な寺有地に120以上の堂宇を擁し、3千人の僧侶が修学に励む大寺院であった。

本尊は木造阿弥陀如来坐像で、三解脱門の正面にある大殿（本堂）に祀られている。像高79.5cm、寄木造、玉眼、漆箔で、阿弥陀定印を結んでいる。室町時代の制作とされ、知恩院門跡・尊超法親王の念持仏であったものを、１９０９年当時の知恩院門跡山下現有から寄贈された。本堂の両脇段には高祖善導大師と法然上人像が祀られている。

三解脱門の構造は、五間三戸２階二重門、入母屋造り、本瓦葺きである。入場は１０時からであったが、１０時前から既に多くの参拝者が並んでいた。列の一番後ろに並び暫く待っていると、入場が開始され列が進み始めた。三解脱門の横にある山廊から、臨時に付けられた階段を上って行く。途中からは一人がやっと通れるほどの狭く急な階段を上ると、楼上には広い空間が広がっていた。

中央には釈迦三尊像、その左右に八体ずつ十六羅漢像が安置されている。中尊の釈迦如来坐像は、像高１１５．５ｃｍ、向かって右脇侍の文殊菩薩坐像は像高６９．５ｃｍで獅子に乗り、左脇侍の普賢菩薩坐像は像高６９．２ｃｍで象に乗っている。三尊共に寄木造、玉眼、漆箔で、衣には蒔絵風の模様がある。中尊及び両脇侍の背内墨書に元和１０年（１６２４年）の年記がある。

十六羅漢像は像高８３ｃｍ～９９．５ｃｍ、寄木造、玉眼で、胡粉が塗られており、衣は極彩色である。釈迦三尊像、十六羅漢像共に、室町時代末期から江戸時代初期にかけて、南都を中心に活躍した下御門仏師・宗印一門により制作されたと考えられている。十六羅漢像の前には、江戸時代中頃までの増上寺の法主像三十一体が安置されている。
東側の扉が開放されていて、眼下に浜松町方面を望むことができる。楼上からの眺めは素晴らしく、江戸時代には海まで見ることができたそうである。明治時代の二度に渡る大火による焼失や、太平洋戦争による空襲を免れた三解脱門は、江戸時代の面影を今に伝える貴重な建造物である。

毎月28日は世田谷観音六角堂（不動堂）において、不動明王ならびに八大童子像が御開帳される。八大童子を従えた不動明王像は、関西では高野山に安置されている運慶作の尊像と、関東では世田谷観音六角堂の像と、国内では2例しか残っていないと聞いて早速訪問した。観音寺は東急線三軒茶屋駅から国道246号線を南下し、世田谷警察署前の交差点を左折して、世田谷観音通りを10分程歩いた所にある。

世田谷観音は世田谷山観音寺と号する単立系の寺院である。昭和26年に太田睦賢によって開山され、同年5月金竜山浅草寺に請い開眼の法を修した。本尊は聖観世音菩薩立像で、像高は140cm～150cm位であろうか、須弥壇で左手に水瓶を持ち、右手は刀印を結んでいる。かつては伊勢長島（三重県）興昭寺の秘仏を当山に迎えたもので、制作年代は天正年間（十六世紀後半）と考えられている。

正門には元内閣総理大臣吉田茂の書による『世田谷山観音寺』の門標が建っている。参道を進んで行くと仁王門があり、一対の仁王像が出迎えてくれる。向かって右が金剛力士像（阿形像）、左が密迹力士像（吽形像）である。像高は約270cmで、忿怒形ながら穏やかな表情、筋肉の盛り上がりをあまり強調しない体躯、簡素な衣文など、平安時代後期の作風を示している。

山門の先に観音堂（本堂）があり、14時から読経が始まる。15分程の読経の後、六角堂に移動し、いよいよ不動明王ならびに八大童子像とご対面と思いきや、護摩焚きが始まる。護摩焚きの炎と正面の不動明王像を見比べながら、じっと護摩焚きが終わるのを待っている。護摩焚きは30分程で終了し、住職から近くで拝観する様促され、一番乗りで不動明王ならびに八大童子像を拝観させて頂いた。

不動明王立像を中心にして、向かって右上に清浄比丘童子と恵光童子、右下に制多伽童子、恵喜童子が並び、左上に烏倶婆伽童子と指徳童子、左下に矜羯羅童子、阿耨達童子が並んでいる。清浄比丘像の胎内願文から、1272年11月に完成したものと判明している。金剛仏師乗恵以下4人の僧侶の勧進により、大仏師法眼和尚位康円、絵仏師法橋上人重命によって制作された。

観音寺の不動明王ならびに八大童子像は、かつて奈良県天理市に存在した内山永久寺に祀られていた。廃仏毀釈により明治時代初期に廃寺となり、新潟県の実業家を経て観音寺の所蔵となったものである。130cm程の小さな像ではあるが、不動明王像は存在感があり、実際よりも大きく見える。八大童子は夫々の個性を巧みに彫り分けており、特に制多伽童子、矜羯羅童子、恵喜童子の表情は生き生きとして素晴らしいと感じた。

康円は鎌倉時代の慶派仏師で、運慶の孫の世代に当たる仏師である。運慶の次男康運の子、あるいは四男康勝の子といわれている。1251年～1254年蓮華王院の復興造仏に際し、大仏師湛慶の補佐をしている。その後、湛慶の下で東大寺講堂の千手観音像造立に携わり、1256年湛慶没後はその仕事を引き継いで完成させた。

参道を挟んで六角堂の反対側には阿弥陀堂がある。京都の二条城より移築されたもので、堂内には阿弥陀如来坐像のほか、左甚五郎作の鬼念仏や韋駄天神などが安置されている。また、目黒羅漢寺に安置されていた五百羅漢坐像のうち九体が安置されており、東京都指定有形文化財になっている。

年の瀬も押し迫る12月18日、文京区の護国寺を訪問した。毎月18日は観音堂（本堂）において、本尊如意輪観世音菩薩が御開帳されるからである。護国寺は神齢山悉地院護国寺と号する真言宗豊山派の大本山の寺院である。1681年徳川綱吉が生母桂昌院の発願により、上野国（群馬県）碓氷八幡宮の別当大聖護国寺の亮賢僧正を招き開山とした。1682年本堂が落成した際、桂昌院の念持仏である天然琥珀の如意輪観世音菩薩像が安置されたが、その後秘仏となり、現在安置されているのが六臂如意輪観世音菩薩坐像である。

東京メトロ有楽町線護国寺駅の1番出口から地上に出ると、護国寺の仁王門がある。三間一戸の八脚門で、1697年造営の観音堂よりも後の時代に建立されたと考えられている。門の両脇を金剛力士像が守護しており、阿形像の背面を増長天像が、吽形像の背面は広目天像が守護している。

仁王門から境内に入り、真っ直ぐ北に進んで行くと石段があり、石段の上に不老門がある。京都鞍馬寺の門を基本に設計され、昭和13年4月に建立された懸造りの門である。不老門を抜けると正面に立派な観音堂が建っている。観音堂は桁行七間、梁間七間、一重、入母屋造り、瓦棒銅板葺きで、ほぼ創建当時のままに現存している建物である。

観音堂の中に入ると、正面に如意輪観世音菩薩像が祀られている。願主は出羽国山形藩初代藩主堀田正虎の母栄隆院とされ、1700年10月に寄進したと伝えられる。外陣からの拝観のため細部は見えなかったが、6本の腕を持ち、右膝を立て左足の上に乗せて坐っている。一つの右手には如意宝珠を持ち、一つの左手には法輪を持っている。もう一つの右手を頬に当て、首を傾ける思惟の表情を示し、衆生を救うために思いを巡らす慈悲深い観音様の姿が表現されている。

観音堂の裏手の墓地には、三条実美や大隈重信、山縣有朋など政財界の著名人の墓がある。境内の西側には、滋賀県園城寺(三井寺)の塔頭日光院の客殿を移築した月光殿が建っている。月光殿は桃山時代の建造で、書院様式を伝えるものとして国の重要文化財に指定されている。

年が明けて1月15日、再び増上寺を訪れた。この日は正五九黒本尊祈願会が行われ、徳川家康ゆかりの念持仏であった黒本尊阿弥陀如来像が御開帳されるからである。黒本尊は年に3回、正月、5月、9月15日に御開帳され、開帳される月をとって正五九と称される。黒本尊が祀られている安国殿には、9時前から参拝者が集まっていた。

安国殿は徳川家康の法号『安国院殿』からとった名称で、現在の建物は、平成23年法然上人八百年御忌を記念して建てられたものである。黒本尊は須弥壇上の厨子の中に祀られており、厨子の前に御前立ちが立っている。9時になり、僧侶が御前立ちを横にずらし厨子の扉を開けると、中から真っ黒な阿弥陀如来立像が現われた。

像高は二尺六寸（約80cm）、寄木造、金箔で、恵心僧都源信の作と伝えられる。香煙に燻され、真っ黒に変色しているので『黒本尊』と呼ばれ、家康出陣の際には戦勝を祈願し、共に戦場に赴いたとされる。家康が幾多の危機を乗り越え、戦勝できたのは『黒本尊』のご加護によるといわれている。外陣からの拝観であったため、黒い全身のほか詳細は分からなかった。14時からの法要終了後には、一般参拝者も近くで拝観することができるそうだが、別の拝観予定があったため、次回のお楽しみとした。

増上寺：三解脱門楼上から（筆者撮影）

増上寺：釈迦三尊像と羅漢像（筆者撮影）

海老名市　龍峰寺、鎌倉市　青蓮寺と来迎寺

２０２３年の仏像巡りは神奈川県海老名市にある龍峰寺からスタートである。２０１９年１１月に相鉄・ＪＲ直通線が開業し、武蔵小杉駅から海老名駅まで乗り換えなしで行けるようになった。今回、初めての路線に乗るのを楽しみにしていたが、鶴見駅の先から相鉄西谷駅までの区間、ほとんど地下を走るので外の景色は見られない。

龍峰寺は相鉄本線海老名駅とかしわ台駅のほぼ中間に位置し、海老名駅東口から歩いて１８分、清水寺公園のある高台にある。正式名称を瑞雲山龍峰寺と号する臨済宗建長寺派の寺院で、室町時代初期、開山圓光大照禅師によって創建されたと伝えられる。昭和4年、清水寺（せいすいじ）のあった現在の地に移築された。本尊は木造千手観音立像で、毎年1月1日と3月17日に御開帳される。

龍峰寺の山門は木造平屋建て切妻造りの四脚門で、清水寺の仁王門であった。守護する仁王像は密迹金剛力士で、像高は約２１０ｃｍである。木々が生い茂る参道の正面に清水寺本堂であった観音堂がある。母屋は単層、桁行・梁間共に8．２５ｍ、屋根は入母屋、

総ケヤキ材で造られた建物である。

観音堂は扉が開いていて堂内に入ることができる。須弥壇には御前立観音像が祀られており、像高は1m位で蓮華座の上に立っている。顔の金箔は新しく、衣紋は華やかに表現されている。違和感を覚えたが、このときは御前立ちであることに気が付かなかった。

本尊の千手観音立像は観音堂の後ろの収蔵庫に安置されている。像高は192cm、カヤ材の一木造、玉眼で、顔は十一面、左右の四十二臂は檜材である。左右1本ずつ腕を頭上で組み、その掌の上に化仏を安置する『清水寺式』と呼ばれる千手観音である。制作時期は衣紋の特徴などから平安時代とする説と、玉眼入りや古様を模した特色などから鎌倉期に再興されたとする説がある。

京都清水寺の十一面千手観音像は、像高173cm、檜材の寄木造、素地仕上げで、白毫に水晶が嵌められている。清水寺に残された記録によると、創建以来の本尊は災禍で失われたと推測され、現在の本尊は1220年頃に再造されたものと考えられている。龍峰寺の千手観音立像の制作時期が平安時代だとすると、京都清水寺の旧本尊を模した可能性もあり、非常に興味深い仏像である。

1月21日は鎌倉市手広の鎖大師青蓮寺において、『初大師』の法要が行われる。青蓮寺は大船駅から湘南モノレールに乗り、4駅目の西鎌倉駅で下車、徒歩10分程の所にある。正式名称を飯盛山仁王院青蓮寺と号する高野山真言宗の準別格本山の寺院である。819年に空海が飯盛山で修行をし、当寺を開山したと伝わる。

本尊は木造弘法大師坐像で、須弥壇の奥にある収蔵施設に祀られている。816年に嵯峨天皇の命により、空海が諸国行脚の旅に出る際、天皇との別れを惜しんで等身大の像を造り、着ていた衣服、法衣、念珠、五鈷などを付け、天皇に献上したといわれている。像高は90cmほどで、目は玉眼、爪は水晶で造られている。両膝の関節が鎖によって繋がれていることから鎖大師と呼ばれる。

嵯峨天皇の死後、鶴岡八幡宮二十五坊の等覚院に遷され安置されていたが、廃仏毀釈によって青蓮寺に遷された。2020年6月から奈良の美術院で保存修理が行われ、2021年に戻ってきた。40代前半の空海像は若く凛々しい顔をしており、これから行脚に向かう強い決意が感じられる。

本尊に向かって右側には不動明王坐像、左に愛染明王坐像が祀られている。どちらも平安佛所江里康慧氏と人間国宝江里佐代子氏により制作されたものである。午後1時からの法話前は自由に拝観ができたので、間近に拝観させて頂いた。コロナ禍ではあるが徐々に参拝者が集まってきて、用意された座席が埋まってきた。

法話は鎌倉・腰越の浄泉寺住職による空海の生涯についてであり、紙芝居の様に絵を使って説明をされていた。浄泉寺は真言宗大覚寺派の寺院であるが、かつては青蓮寺の末寺であった。空海の仏像の前で聞く法話は大変意義深く、貴重な経験をさせて頂いた。法話の後、『大般若経六百巻転読護摩法会』が行われ『初大師』は終了となった。

ＪＲ鎌倉駅から段葛を通って鶴岡八幡宮の境内に入る。流鏑馬馬場を右に折れて東鳥居から外に出ると、横浜国立大学付属鎌倉中学校があり、中学校の校庭に沿って道を北に歩いて行くと、道端に来迎寺と書かれた石碑が見える。石碑の案内に従って道路を右折すると来迎寺がある。１月２９日は来迎寺の令和5年1月の拝観日であった。

来迎寺は満光山来迎寺と号する時宗の寺院である。寺の略縁起によると、１２９３年一向上人の名により開かれたという。時宗の開祖は一遍上人であるが、一向上人も同時期に全く別個に同じような思想を持って布教を行っていた。本尊は阿弥陀如来坐像で、１７１２年に制作された。

時宗は鎌倉時代末期に興った浄土教の一宗派である。一遍上人の教えは、上人の死後10年に高弟である聖戒が文章を書き、画家の円伊に絵を描かせて作った『一遍聖絵』によって知ることができる。梅原猛氏の文章を引用すると、「一遍上人によれば、衆生の極楽往生はすでに阿弥陀仏によって決定されているので、一人ひとりの心というものを問題にする必要はないといいます。むしろ、心を問題にすると迷いが生じてしまうので、心に拘ることはやめて、ただひたすらに念仏を称えて阿弥陀仏と一体になることが大切」であるという。信・不信を問わず、阿弥陀仏によって救われると説いたところに、一遍上人の独自性がある。「但し、これを実行するためには、心を動かすもの、具体的に言えば地位や財産、妻や子といった家族をも捨てて遊行することが必要」としている。

来迎寺には三体の客仏が祀られており、本尊に向かって右側の収蔵施設には、如意輪観音半跏像が安置されている。元は法華堂（源頼朝と北条義時の慰霊を行った墓堂）に安置されていたが、神仏分離により法華堂が廃されたため来迎寺に遷された。像高は97．3cm、等身の如意輪観音である。玉眼、寄木造、前後矧ぎで、内刳りが施されている。六臂で右第2手に如意宝珠、左第3手に宝輪を捧げる通形の如意輪観音像であるが、髻を高く結び、条帛を付け、土紋を散らした裳を纏って坐る姿は、等身の如意輪観音としては鎌倉地方に他に見当たるものがないという。金銅透彫り、宝相華文の宝冠は当初のものと思われるが、各腕とその持物、台座や光背などは後補である。

裳に貼り付けられた土紋は、牡丹文と6個の小丸を廻りに配した輪宝文で、刺繍の様に立体的に表現されている。顔は横から見るとスッキリとしているが、正面から見ると下膨れで太っている印象を受ける。半跏の姿勢、その他の作風から南北朝から室町時代初期に制作されたと考えられている。

本尊の左壇上には地蔵菩薩坐像と抜陀婆羅（バツダバラ）尊者像が安置されている。どちらも1371年、上杉能憲によって開かれた西御門の報恩寺に祀られていたが、廃仏毀釈によって来迎寺に遷された。地蔵菩薩坐像は報恩寺の本尊で、1384年頃法眼宅間浄宏によって制作された。像高84．1cm、寄木造、玉眼で、定印を結んでいる。

法衣を通肩に纏い、両袖と裳を下に長く垂らす裳懸座の形で岩座に坐っている。この垂下する衣文は鎌倉時代の後半以後に流行したスタイルで、浄光明寺の阿弥陀三尊像、覚園寺の薬師如来像、浄智寺の三世仏像、建長寺の地蔵菩薩像ほか数々の作例がある。穏やかな表情の中に、凛々しさを秘めた顔が印象的な仏像である。

抜陀婆羅尊者は『首楞厳三昧経』に記されている菩薩で、お風呂の供養を受けた際に水により悟りを開いたことから、禅宗寺院では浴室の守り本尊として安置される。浴室は七堂伽藍の一つに数えられ、僧堂、東司と共に三黙道場とされ、入浴するにあたり抜陀婆羅尊者の前で開浴之偈を唱え三拝するなど、清規（しんぎ・生活規則）により入浴作法が定められていた。少し怖い感じのする像であるが、この像に祈ると足腰の痛み、頭痛、目の病が治ると信じられている。

来迎寺を出た後で、如意輪観音半跏像が祀られていたという法華堂跡に行き、源頼朝と北条義時の墓前で手を合わせた。

伊勢原市　日向薬師、大山阿夫利神社と大山寺

古代より信仰の対象であった大山は、江戸時代になると庶民の間で講と呼ばれる団体でのお参り旅行が盛んになり、江戸の人口が100万人であった時代に、年間20万人もの参拝者が訪れたという。参詣者が通る大山道は、大山を中心に放射状に広がり、関東地方の道がほぼ全て大山に通じていた。

江戸からの代表的な経路として矢倉沢往還があり、赤坂を起点として、渋谷、三軒茶屋、用賀、二子の渡しで多摩川を渡り、溝口、厚木、伊勢原（大山）へと至る。溝口の近くに住む私にとって大山道は馴染みがあり、いつか大山に参拝したいと思っていたが、なかなか機会に恵まれずにいた。1月8日は日向薬師の初薬師で、本尊薬師三尊像が御開帳されるほか、大山寺においても本尊大山不動明王が御開帳されるので、この機会に大山詣でを兼ねて訪れることにした。

小田急線伊勢原駅北口の大山ケーブル行きバス乗り場は、年配の人で込み合っている。皆一様にリュックサックを背負い、トレッキングシューズを履き、トレッキングポールを

持っている。バスが到着すると一同はどっとバスに乗り込み、乗りきれない人はまた次のバスを待っている。大山ケーブルまでは25分程で着くが、傍目には満員のバスに揺られて行くのは気が重い。

隣の3番乗り場に日向薬師行きのバスが到着する。こちらは乗客が少なく、座席に坐ることができた。〆引のバス停を過ぎると、途中停車することもなくバスは順調に走って行く。山間部に入ると道がだんだん狭くカーブが急になってくるが、20分程で日向薬師のバス停に着く。ここからは宝城坊を目指して歩いて行く。

日向薬師は日向山宝城坊と号する高野山真言宗の寺院である。716年に行基が開山したと伝えられ、江戸時代末期までは日向山霊山寺と称する薬師如来信仰の霊場であった。子院12坊を擁する大寺院であったが、廃仏毀釈により多くの建物が失われ、別当坊であった宝城坊が寺籍を継いだ。

日向薬師バス停から、案内板のある細い道を進んで行くと石段がある。源頼朝が日向薬師参詣の際に、ここで旅装から白装束に着替えことから衣裳場と呼ばれ、今は『いしば』となっている。石段を上って行くと仁王門があり、一対の金剛力士像が守護している。像高は阿形像が3．5m、吽形像3．52m、寄木造、玉眼で、朱漆による彩色が施されている。火災により仁王門と共に焼失したが、1833年に鎌倉扇谷の仏師、後藤真慶によって再建された。

仁王門を通り抜けると古い石段が続き、その先は山道になる。厳かな雰囲気が漂う山道を歩いていると、本殿や本尊への期待が高まってくる。足元に伸びる木の根っこや、大きな岩に気を付けながら上って行くと、日向薬師宝城坊と書かれた幟があり、石段の上に本堂の萱葺屋根が見えてくる。

宝城坊本堂は霊山寺の本堂を引き継いだものである。寄棟造り、萱葺きの七間堂で、内部は前方二間を土間床の外陣、後方三間を板敷の内陣とし、内外陣境の中央五間は中敷居に引違格子戸を構えている。天井は内外陣共に外廻りの一間通りを化粧屋根裏とし、内側は竿縁天井となっている。木々の緑と調和して静かに時を刻んでいるかの様である。

本堂内陣の須弥壇には、中央に薬師如来坐像、その両側に六体ずつ十二神将立像が祀られている。薬師如来坐像は像高51cm、右手で施無畏印を結び、左手に薬壺を持っている。穏やかな表情をしており、江戸時代の制作と考えられている。十二神将立像は像高64．2cm～71．8cmで、十体が平安時代後期の制作、残る二体も修理されていない頭部は、他と同時期に制作されたと考えられている。現存する東日本最古の十二神将像であり、絵仏師の長覚房定智が１１６４年に唐本から写し、高野山に伝わっていた『定智本』の図像と細部まで一致している。

本殿の隣にある宝物殿には、本尊の木造薬師如来両脇侍像（薬師三尊像）が祀られている。本尊は秘仏で、一年に５回御開帳されており、１月８日は初薬師で開帳日である。正面にある桁行約２．５ｍ、梁間約１．５ｍ、高さ約５ｍの厨子の中央に薬師如来坐像、向かって右に日光菩薩立像、左に月光菩薩立像が安置され、周囲を四天王立像と十二神将立像が守護している。

薬師如来坐像は像高１１６．６ｃｍ、日光菩薩１２３．３ｃｍ、月光菩薩１２９．３ｃｍ、いずれもカツラの一木造で、平安時代の制作である。表面に丸鑿の縞模様の彫痕を残す、鉈彫りという技法で造られている。鑿痕を意識的に残すことで、見る角度や位置、光の量などによって仏像の印象を変える効果を持つもので、関東地方を中心にした東日本に固有の木彫技法である。

四天王立像は向かって右手前が持国天、持国天の後ろに多聞天、左手前に増長天、その後ろに広目天が並ぶ。像高は持国天２１２ｃｍ、増長天、広目天、多聞天２０１ｃｍ、関東地方屈指の大きさを誇り、十三世紀鎌倉時代の制作と考えられている。持国天と増長天は左右対称の姿勢を執り、片手を上げ、もう一方の手を腰に当てている。広目天と多聞天も対称的に持物を持って直立している。二組の像により、前方を動、後方を静とする対比を表現している。

十二神将立像は像高158．5ｃｍ～175ｃｍで、厨子の右に宮毘羅、伐折羅、迷企羅、安底羅、頞爾羅、珊底羅大将、左に因陀羅、波夷羅、摩虎羅、直達羅、招杜羅、毘羯羅大将が守護している。等身大の十二神将像で、玉眼、寄木造、十三世紀末鎌倉時代後期の制作と考えられている。

この他、入口の右側に丈六薬師如来両脇侍像、左側に丈六阿弥陀如来坐像が安置され、東方浄瑠璃浄土と西方極楽浄土の世界を表している。これらの光景は圧倒的であり、鎌倉以外にも、こんなにも素晴らしい仏像が残されてきたことに感動を覚える。

宝物殿を出て来た道をバス停まで戻る。参道のあちらこちらで団体の参拝者に道を阻まれ、やっとの思いで辿り着く。少し待っていると伊勢原駅行きのバスが到着し、数名の乗客と共にバスに乗り込む。大山阿夫利神社へは途中の片町バス停で乗り換えになる。バスは混雑していて、吊革に掴まりながら約20分揺られて大山ケーブルバス停に着く。

大山ケーブル駅は、バス停から土産店や大山豆腐の食事処、大山コマ工房などが軒を連ねる参道を上った先にあり、ゆっくり歩くと15分位掛かる。ケーブル駅は乗客が溢れており、通常20分間隔で運行するところ、臨時に10分間隔になっていた。ケーブルカーに乗ると6分程で山上の阿夫利神社駅に着く。

大山阿夫利神社は、三世紀頃崇神天皇の御代に創建されたと伝えられる式内社（『延喜式神名帳』に登載された当時の官社）である。本社に大山祇大神（おおやまつみのおおかみ）、奥社に大雷神（おおいかずちのかみ）、前社に高龗神（たかおかみのかみ）が祀られている。大山は別名『あめふり山』と呼ばれ、雨乞いや五穀豊穣の祈願の対象であった。江戸時代『大山詣り』と呼ばれ隆盛を極め、大山祇大神は富士山の御祭神である木花咲耶姫の父であるため、大山と富士山の『両詣り』も盛んになった。

標高1252mの大山の700m地点にある阿夫利神社下社からの夜景は、『ミシュラン・グリーンガイド・ジャポン』に二つ星で紹介されている。空気の澄んだ日には、江の島や三浦半島、遠くは房総半島や伊豆大島を一望することができるそうである。1月14日から週末限定で、初の『冬の夜景運転』が実施され、沿線や神社境内を中心にライトアップが行われる。

拝殿で参拝した後、本社までは90分位掛かるので、本社には行かずケーブルカーで大山寺に向かう。大山寺は大山寺駅から歩いて5分程の所にある。正式名称を雨降山（あぶりさん）大山寺と号する真言宗大覚寺派の寺院で、開山は東大寺初代別当の良弁と伝わる。行基の高弟である光増和尚が第二世となり諸堂を建立し、第三世として空海が住持し、数々の霊所が開かれたという。

本尊は鉄造不動明王と二童子像で、毎月8日・18日・28日に御開帳される。像高は不動明王像が97.9cm、矜迦羅童子96cm、制多迦童子95.4cmで、須弥壇の奥の収蔵施設に祀られている。鉄を鋳て造ったものであり、眼には玉眼を嵌めている。1264年、京都府泉涌寺第六世願行憲静が大山中興の際、江の島の弁財天に祈って得た材料の3分の1で試みの不動像を造り、残りの3分の2で大山寺の不動明王像を造った。この試みの不動像は、鎌倉市胡桃ヶ谷の大楽寺に祀られていたが、同寺の廃絶により覚園寺に遷された。この覚園寺の鉄造不動明王坐像も玉眼を嵌めていたという。

中尊の不動明王坐像は、右手に剣、左手に羂索を持ち、木製の瑟瑟座（しつしつざ・台座の一種）上で結跏趺坐している。眼を大きく見開き、迫力ある忿怒の表情をしている。向かって右側の矜迦羅童子は、身体を斜めにして左手に蓮の花、右手は胸前で独鈷を握っている。左側の制多迦童子は、身体を斜めにして矜迦羅童子の方を向き、左手を曲げ条帛の端を握り、右手に宝棒を持っている。

鉄仏は鋳造が難しく、三体とも外側の合わせ目に鋳バリ（鋳造の過程で生じる余分な出っ張り）が目立つとの事である。しかし、実際の拝観では鋳バリは気にならず、バランスの取れた素晴らしい仏像だと感じられる。

大山寺を後にして、ケーブルカーと路線バスを乗り継ぎ、伊勢原駅に戻って来る。新年早々、歴史ある素晴らしい寺社と仏像を参拝することができ、幸先の良いスタートが切れた気がした。

日向薬師：薬師如来と十二神将像
（日向薬師提供）

日向薬師：薬師三尊像（日向薬師提供）

東京都　寛永寺、浅草寺と栃木県　輪王寺

上野にある寛永寺清水観音堂の千手観世音菩薩は、年に1日『初午法楽』の日に御開帳される秘仏である。今年の初午は2月5日で、10時と14時に堂内で大般若経転読が行われる。9時過ぎから参拝者が集まり出し、10時前には外陣も舞台も人で埋め尽くされていた。

寛永寺は東叡山寛永寺と号する天台宗の別格大本山の寺院である。1625年に慈眼大師天海大僧正によって、江戸城の鬼門（北東）封じを意図して建立された。山号は東の比叡山を意味し、寺号は寛永年間に創建されたことによる。天海大僧正は上野を京に見立て、不忍池を琵琶湖とみなし、琵琶湖に浮かぶ竹生島から弁財天を勧請し、不忍池辨天堂を建立した。また、清水観音堂も京都清水寺に見立て、舞台造りのお堂にした。寛永寺の諸堂は戊辰戦争などで焼失したため、清水観音堂は上野に現存する創建年時の明確な最古の建造物となっている。

本尊は千手観世音菩薩で、平安時代中期の比叡山の高僧、恵心僧都源信の作と伝えられ

ている。平盛久が京都清水寺に奉納し、千日参りの祈願をしたとの伝承がある。壇ノ浦の戦いで敗れた盛久は、鎌倉由比ヶ浜で斬首されそうになった際、刀が折れ助かった。更に北条政子の夢に清水寺の高僧が現われ、盛久の赦免を願ったという奇瑞があり、ついには助命された。この奇瑞が午の年、午の日、午の刻に起きたことから、千手観世音菩薩の御開帳は『初午法楽』の日に行われる決まりとなっている。その後、千手観世音菩薩は京都清水寺義乗院の春海上人から天海大僧正に奉納された。

午前10時になると、寛永寺の貫首が導師となって大般若経転読の法要が始まる。暫くすると、他の僧侶が一斉に経典をパラパラと上から下にめくっては閉じを繰り返し、法要はクライマックスを迎える。先月、鎌倉青蓮寺で見た『大般若経六百巻転読護摩法会』と同じような光景である。法要は30分程で終わり、その後内陣で一般参拝が始まる。

千手観世音菩薩坐像は須弥壇中央の厨子に祀られている。像高は30cm程の小さな仏像である。厨子の周囲には、閻魔大王や不動明王などの仏像が並び、向かって右端には子育観世音、左端には聖観世音菩薩立像が安置されている。短時間の参拝なので詳細に観察することはできなかったが、千手観世音菩薩は優しい顔が印象的だった。

清水観音堂を出て、寛永寺の根本中堂に行ってみる。根本中堂は東京藝術大学上野キャンパスの北側にある。１６９８年に建立された当初の根本中堂は、東京国立博物館前の噴水池辺りにあったが、幕末の上野戦争によって焼失した。明治維新後、寺領は没収され、１８７３年には旧境内地が公園用地に指定されるなどして、廃寺状態に追い込まれた。１８７９年になって寛永寺の復興が認められ、旧大慈院跡に川越喜多院の本地堂を移築し、根本中堂として再建された。

本尊は秘仏薬師如来三尊像で須弥壇の厨子に安置されている。中尊を含め、三体共に立像である点が珍しいとの事である。薬師如来立像は像高１４２．２ｃｍ、檜の一木造で、十世紀に制作された。衣文は平安時代前期に多く用いられた、丸い波と角の波を交互に彫って、さざ波が立ったように表現する翻波式衣文である。

左脇侍の日光菩薩は像高１４２．４ｃｍ、右脇侍の月光菩薩が像高１３５．４ｃｍ、どちらもカツラ材の一木造、十二世紀に制作されたものである。厨子の周囲には六体ずつ十二神将が守護しており、向かって右側に持国天、増長天と不動三尊像が、左側には増長天、広目天と毘沙門天立像が安置されている。

中尊と両脇侍は伝来を別にしており、中尊は滋賀県石津寺から、両脇侍は山形県立石寺から遷された。薬師三尊像は、２００６年３月２８日から東京国立博物館で開催された特別展『最澄と天台の国宝』に出展され、初めて一般公開された。

徳川家の菩提寺のうち、増上寺は中世から存在した寺院であるが、寛永寺は徳川家により新たに建立された寺院である。徳川家の菩提寺は徳川秀忠の眠る増上寺であり、創建当初の寛永寺は菩提寺という位置付けではなかった。しかし、第3代家光は天海上人に大いに帰依し、自分の葬儀は寛永寺にて行い、遺骸は家康の廟がある日光へ遷すように遺言した。その後、第4代家綱、第5代綱吉の廟が上野に営まれ、寛永寺は増上寺と共に徳川家の菩提寺になった。以後歴代将軍の墓所は、寛永寺と増上寺に交代で造営することが慣例となり幕末まで続いた。


浅草寺は金龍山浅草寺と号する都内最古の寺院である。元は天台宗に属していたが、1950年に独立して聖観音宗総本山となった。『浅草寺縁起』によると、628年3月に江戸浦（隅田川）で漁をしていた兄弟が、網に掛かった一体の仏像を引き上げた。この仏像が郷司土師中知の家に運ばれ、中知は聖観世音菩薩であることを知り深く帰依し、その後出家して、自宅を寺に改装し供養したというのが浅草寺の始まりという。

その後、645年勝海上人が観音堂を建立し、夢告により本尊聖観世音菩薩を秘仏と定めた。観音像は高さ1寸8分（約5．5cm）の金色の像と伝わる。平安時代初期に、延暦寺の慈覚大師円仁（浅草寺中興開山・比叡山第三世天台座主）が来山し、御前立ちの観音像を造ったという。

本堂（観音堂）は1649年に家光の援助により再建されたが、東京大空襲で焼失した。現在の堂は昭和33年に再建されたものである。本尊の聖観世音菩薩像は絶対秘仏で、内陣中央の宮殿（くうでん）に祀られている。宮殿の上段の間には秘仏本尊を納め、下段の間には御前立ち本尊を安置している。

本堂の西側に淡島堂があり、2月8日に針供養会が行われる。淡島堂は元禄年間に、紀伊国加太にあった加太神社を勧請して建てられたもので、加太神社のご祭神少彦名命は淡島明神の俗称があることから、淡島堂と名付けられた。針供養は折れた針や錆びた針を供養する行事で、大きな豆腐に針を刺して、針に感謝し裁縫の上達をお祈りする。

魂針供養之塔前での法要の後、11時から淡島堂の中で読経が始まる。堂に入れない人のために、堂内の音声がスピーカーで外に聞こえる様になっている。読経は20分程で終了し、その後堂内での一般参拝となる。

須弥壇の収蔵施設には本尊阿弥陀如来坐像が安置されている。外陣からの拝観であったが、本尊との距離は近い。淡島明神は両手で宝珠を持つ坐形の神像で、本尊の前に安置され、本地仏の虚空蔵菩薩像は本尊に向かって右側の棚の上に安置されている。虚空蔵菩薩像は３０ｃｍ程の小さな像で、始めはどの像か分からなかった。

針供養は全国の寺社で行われており、浅草寺淡島堂のほか、京都嵐山法輪寺、大阪天満宮、北九州市淡島神社などが有名である。家庭で針仕事をすることが少なくなった現在では、針への感謝や裁縫の上達を祈願することは稀であるが、服飾関係の分野においては未だに根付いているそうだ。淡島明神の御利益は、婦人病、縁結び、安産などと女性に関するものが多く、参拝者はほとんどが女性であった。中には和服を着た人も見られ、いつまでも続けて欲しい行事の一つである。

徳川家霊廟がある増上寺、寛永寺に続き、家光の霊廟がある日光輪王寺を訪問した。日光山内にある東照宮、輪王寺、二荒山神社の建造物群とこれら建造物群を取り巻く遺跡は、１９９９年１２月の第２３回世界遺産委員会において世界遺産に登録された。輪王寺では国宝大猷院霊廟本殿・相の間・拝殿のほか、本堂（三仏堂）、常行堂、法華堂など重要文化財指定の建造物３７棟が登録されている。

輪王寺は日光山輪王寺と号する天台宗の門跡寺院である。奈良時代766年に勝道上人が開山し、四本龍寺を建てたのが始まりとされている。輪王寺の本堂が三仏堂で、平安時代848年に慈覚大師円仁が建立したとされる。現在の建物は、1647年家光の寄進によって再建された、入母屋造りで間口が約34m、奥行約21m、高さ約26mという東日本最大の木造建築物である。

本尊は日光三所権現本地仏（千手観音・阿弥陀如来・馬頭観音）の仏像と、東照三所権現本地仏（薬師如来・阿弥陀如来・釈迦如来）の掛仏である。神仏習合により千手観音は男体山、阿弥陀如来は女峰山、馬頭観音は太郎山と同一視されている。

拝観料を支払い三仏堂の中に入る。順路に従って堂の奥にある階段を降りると、内陣へと繋がっている。内陣には中央に阿弥陀如来坐像、向かって右に千手観音坐像、左に馬頭観音坐像が祀られている。像高は阿弥陀如来が306.3cm、千手観音335.4cm、馬頭観音301.3cmで、総高はいずれも7mを超える大きな仏像である。

三仏堂『平成の大修理』と共に修理され、2018年4月、5年ぶりに三尊が揃った内陣が公開された。三尊共に金ぴかで圧倒的な存在感がある。見上げると目が合うが、全てを見透かされている様な気がする。拝観する人に安心感を与えるというよりは、少し怖い顔に感じられる仏像であった。

三仏堂を出ると直ぐに大護摩堂がある。大護摩堂は護摩を焚いて参拝者の祈りを仏様に届ける道場である。須弥壇中央に本尊の不動明王が祀られており、その周囲に右から金剛夜叉明王、降三世明王、軍荼利明王、大威徳明王が並んでいる。そしてその外側、東西南北上下を『十二天』が守護するという立体の不動尊曼荼羅となっている。不動尊の後ろには七福神が祀られ、中央の一番奥には秘仏鎮将夜叉尊を納めた朱塗厨子があり、両脇の黒塗厨子には慈恵大師、慈眼大師をお祀りしている。

大護摩堂から大猷院に向かう途中、二荒山神社の大鳥居前に常行堂がある。常行堂では90日間という長期に渡り、南無阿弥陀仏という念仏を唱えながら、仏様の周りを歩き続ける常行三昧という修行が行われてきた。本尊の阿弥陀如来は平安時代末期に作られたもので、宝冠を被りクジャクに乗っている。四方には、法、利、因、語の同じくクジャクに乗った四菩薩を配している。これら五尊の構成は『覚禅鈔』に記される比叡山常行堂の本尊像と一致している。

阿弥陀如来像は檜材、漆箔仕上げで、頭部と体幹部前半を一材より彫り出し、それぞれに内刳を施している。定朝様の温雅な作風を示し、円仁請来の金剛界八十一尊曼荼羅中の無量寿如来に通じ、比叡山常行堂本尊の姿を伝えるものとの事である。円仁創建の比叡山東常行堂以来、各地で造り継がれた常行堂本尊像の最も正統的な姿を伝える遺品として、阿弥陀五尊像は国の重要文化財に指定されている。

常行堂の奥に大猷院があり、ここからは別途拝観料が必要になる。大猷院は家光の廟所で、「死後も家康公に仕える」との遺言により、東照宮のある輪王寺に葬られた。また、「東照宮を凌いではならない」との遺言により、金と黒を使用して重厚感のある落ち着いた造りになっている。

入口の仁王門には密迹金剛（阿形）と那羅延金剛（吽形）二体の金剛力士像が守護している。拝殿に行くまでには更に二天門、夜叉門、唐門と三つの門がある。二天門は日光の社寺の中で最大の楼門で、増長天と持国天が守護している。裏には風神・雷神（復製像）が祀られている。

展望所から石燈籠を見下ろし、鐘楼と鼓楼の間を通り抜けると夜叉門がある。阿跋摩羅（あばつまら）、毘陀羅（びだら）、犍陀羅（けんだら）、烏摩勒迦（うまろきゃ）の四体の夜叉が家光の霊廟を守っている。唐門は大猷院の拝殿・相の間・本殿の入口にあり、左右に瑞垣が伸びて拝殿・相の間・本殿を囲っている。屋根に唐破風を持つ向唐門で、門の正面には白龍が彫られている。

拝殿と本殿は相の間で連結された権現造りで、拝殿から見ると本殿の床が高くなっている。参拝者が集まってくると、狩野探幽と弟安信の書いた唐獅子の襖絵や、140枚の天井絵などについて、僧侶が解説をしてくれる。拝殿は全体にわたり黒漆を塗り、その上に金箔を押し極彩色に彩っているので、『金閣殿』とも呼ばれている。

太猷院から二荒山神社を経由して、再び三仏堂に戻って来る。三仏堂の前には宝物殿があり、展示室の正面に鋳銅半肉千手観音像が安置されている。半肉彫の千手観音坐像で、宝髻に如来面、宝冠台に十一面を表わし、合掌手など八臂のほか、左右十五臂の脇手を放射状に鋳出している。面相は柔和で、合掌する姿は初々しさを感じる。光背部の蔓草模様の繊細で伸びのあるへら使いには、藤原時代の古鏡に共通の細技が見られ、意匠の古風を伝えている。

千手観音像の右側には風神・雷神像が安置されている。像高は風神像117.8cm（総高234cm）、雷神像114.2cm（総高253cm）で、1636年家光が、家康の21回忌に合わせて陽明門の建て替えを行った際に安置された。明治政府の神仏分離により太猷院の二天門に遷され、50年ぶりの修理を経て宝物殿で公開されている。檜の寄木造、京都七条仏所康音とその子康知によって造られたものと思われる。

その他、展示室には木造菩薩立像（総高142cm、カツラ材の一木造、平安時代制作）や僧形神半跏像（総高89．4cm、檜の一木造、彩色、平安時代制作）、木造聖観音菩薩立像（総高188cm、南北朝時代制作）、木造十一面観音立像（総高157cm、カツラ材の一木造、1693年制作）、木造阿弥陀如来立像（総高92．8cm、鎌倉時代1243年制作）などが安置されており、輪王寺の歴史を感じることができる。

埼玉県　保寧寺、天洲寺と廓信寺

今まで埼玉県のお寺に行く機会がなかったが、行田市荒木の天洲寺において、毎年2月22日に開催される例大祭で、木造聖徳太子立像が御開帳されると聞いて訪問した。折角の機会なので近隣のお寺にも行きたいと思い、最初に加須市日出安にある保寧寺を訪れた。

保寧寺は東武伊勢崎線加須駅から鴻巣駅東口行き朝日バスに乗り約6分、日出安のバス停から西に600m程歩いた所にある。正式名称を東安山保寧寺と号する臨済宗妙心寺派の寺院である。1330年、鎌倉建長寺二十一世玉山徳旋（ぎょくさんとくせん）によって、禅寺として開山されたという。

保寧寺には、建久7年（1196年）大仏師宗慶等の銘のある木造阿弥陀如来及両脇侍像が祀られている。宗慶は平安後期から鎌倉時代の仏師で、康慶の弟子であり、1177年造立の静岡県瑞林寺の地蔵菩薩坐像には、小仏師として体内墨書にその銘がある。1183年の『運慶願経』にも、快慶、源慶、静慶ら慶派仏師と共に結縁しており、運慶とは兄弟弟子の関係だったと考えられている。

真っ直ぐに伸びた参道の先に山門があり、山門を抜けると本堂がある。木造阿弥陀如来及両脇侍像は本堂裏手の阿弥陀堂に安置されている。拝観のお願いをしていたので、庫裏を訪ねると住職が鍵を貸してくれた。阿弥陀堂は前面上部がガラス張りになっており、照明もあるので外からでも見えるが、今回は堂内に入りより近くで拝観させて頂いた。

三尊像は檜材の割矧造、玉眼で、中尊の阿弥陀如来坐像は像高８８．３ｃｍ、向かって右の勢至菩薩立像９４．８ｃｍ、左の観音菩薩立像１０５．３ｃｍである。阿弥陀如来坐像は阿弥陀定印を結び、厳しい表情をしている。勢至菩薩像は蓮の花を持った所作をしており、観音菩薩像は施無畏印、与願印を結んでいる。両菩薩像の顔はいずれも厳しく、硬い表情に感じられる。

国指定文化財等データベースの解説文によると、「像は中尊、脇侍とも厚みのある躰型で各部に張りの強い肉付けを施し、着衣には動きのある大ぶりな衣文を刻む。その若々しく力強い表現は文治五年（１１８９年）康慶作の興福寺南円堂不空羂索観音像（国宝）をはじめとする初期慶派作例に通有のもので、宗慶が康慶工房の一員であったことが首肯される。材を厚めに残して丁寧に浚う内刳の仕方にも同派の特色がよく表れている。中尊の上躰を強く後傾させた姿勢は本像独特のものであり、ややまとまりに欠ける印象もあるものの、そこには慶派様式が未だ完成に至らぬ時期における一種の初発性を認めることも可能である」との事である。

住職に謝意を表して、加須駅まで歩いて帰ることにした。日出安のバス停前の信号を左折すると、加須駅までは真っ直ぐな道が続いている。道の両側は一面の畑で、左前方には日光連山の山々が見え、振り返ると真後ろに雪を纏った富士山が見える。普段感じることのない大地の広さを感じながら、次の目的地の天洲寺に向かった。

加須駅から東武伊勢崎線羽生駅で秩父鉄道に乗り換え、3駅目の武州荒木駅で降りる。武州荒木駅から西に5分程歩いた所に天洲寺がある。年に1回、聖徳太子の命日に行われる例大祭とあって、参道の周囲にはたくさんの屋台が並び道路にも続いている。天洲寺に着いた時には既に11時からの法要が始まっており、太子堂の中には大勢の参拝者が集まっていた。

天洲寺は聖徳山天洲寺と号する曹洞宗の寺院である。1607年荒木八左衛門により開基され、開山は清善寺五世天洲全堯和尚と伝えられている。荒木八左衛門の父長善は、戦国時代に荒木城を築いたとされる武将である。本尊は釈迦如来坐像で本堂の須弥壇に祀られている。

法要が終わると一般参拝が始まり、聖徳太子立像を拝観することができる。参拝者の列に並び順番を待っていると、内陣に『大般若波羅密多経』の経典が置いてあった。聞いてみるとやはり、経典をパラパラと捲って法要が行われたそうだ。聖徳太子立像は奥の収蔵施設にある須弥壇の厨子に入っており、しゃがまないと全体が見えない。また、参拝の時間は短いので、じっくりと拝観するためには何度か列に並ぶ必要がある。

聖徳太子立像は像高１４０．９ｃｍ、檜の寄木造、彩色、玉眼で、父用明天皇の病気平癒を願う太子１６歳の孝養像である。髪を美豆良に結い、胸の前で香炉を持った姿をしている。像内の墨書銘によると、１２４７年関東評定衆毛利季光の発願により、大仏師法橋慶禅が鎌倉の地において造像したことが分かる。季光は鎌倉幕府の政所別当大江広元の四男で、長州藩主毛利氏の祖となる人物である。承久の乱で武功を挙げ、評定衆に就くなど重用されたが、１２４７年の宝治合戦で妻の実家である三浦氏につき、敗れた三浦一族と共に法華堂で自刃したと伝わる。

聖徳太子立像は幼い姿ではあるが威厳のある顔をしている。慶禅はその名前から慶派の仏師と思われるが、聖徳太子立像は写実主義を基調としており、運慶様式の作風が忍ばれると共に宋風も表われている。鎌倉時代になると太子信仰が盛んになり太子像がたくさん造られたが、この聖徳太子立像は最も優れており、造られた年代が分かる孝養像としては日本最古の作品だそうである。

太子像に向かって右側には光信房源海上人尊像が祀られている。源海上人は安藤隆光と称する武州国荒木村（現埼玉県行田市）を領する鎌倉時代の板東武者で、武州児玉党の随一といわれていた。寵愛する二人の幼子を病気で失い、それを機縁に仏門に入ったと伝えられる。江の島の岩屋に籠って修行していたが、ある時夢のお告げで、越後に配流された後、関東に移住し布教に専念していた親鸞を訪ねて弟子になったという。荒木に万福寺という寺を開き、この荒木という地名から、上人に始まる門徒団を一般に荒木門徒といっている。

武州荒木駅から熊谷駅に行き、熊谷駅から湘南新宿ラインと京浜東北線を乗り継ぎ、北浦和駅で降りる。北浦和駅東口から平和通り商店街を通って行くと、5分程歩いた所に廓信寺がある。廓信寺は正覚山超勝院廓信寺と号する浄土宗の寺院である。浦和郷の代官中村弥右衛門尉吉照が、旧岩槻城主高力河内守清長の冥福を祈るために念仏堂を建て、1609年、臺（台）蓮社光誉上人満霊大和尚を開山として建立したものである。

旧中山道に面して参道があり、参道の先に仁王門がある。仁王門を守護する金剛力士像は、阿形像が像高245.5cm、吽形像249.2cm、寄木造、朱塗り、彫眼で、内刳りが施されている。像内の墨書銘により、1616年に中村弥右衛門が願主となり、安房国の仏師によって造立されたことが分かる。

境内に入ると正面に本堂があり、本尊の阿弥陀如来坐像が祀られている。阿弥陀如来坐像は像高88cm、寄木造、玉眼、納衣部漆箔で、鎌倉時代初期に制作されたものである。胸前で中品上生の印を結び、左足を上に結跏趺坐する等身大の阿弥陀如来坐像である。張りのある丸顔に穏やかな目鼻立ちを刻み、撫で肩でやや胴長の体躯を包む薄手の納衣には、比較的細やかな柔らかみのある衣文線を彫出するなど、定朝様式の特色をよく伝えているとの事である。

廓信寺には昔から、「本尊阿弥陀如来坐像は平安末期の浄土教の先駆者恵心僧都の作で、豊臣秀吉の大阪城のお内仏であった。秀吉が小田原城攻めの時奉持して来て、戦終わって徳川氏に移り、当山開祖中村吉照が拝領し、本尊として安置し供養した」と語り伝えられている。

埼玉県には国指定重要文化財の仏像が10件、県指定文化財の仏像が57件ある。博物館等に寄託されている仏像もあり、全てがお寺に祀られている訳ではないが、これらの仏像を拝観させて頂けるお寺も数多くある。今後は更に活動範囲を広げて、埼玉県にある仏像の魅力を紹介していきたい。

保寧寺：阿弥陀三象像（筆者撮影）

関東にあるお寺と仏像

二〇二四年一月三十日　初版第一刷発行

著　者　髙山雄輔
発行者　谷村勇輔
発行所　ブイツーソリューション
〒四六六・〇八四八
名古屋市昭和区長戸町四・四〇
電　話　〇五二・七九九・七三九一
ＦＡＸ　〇五二・七九九・七九八四
発売元　星雲社（共同出版社・流通責任出版社）
〒一一二・〇〇〇五
東京都文京区水道一・三・三〇
電　話　〇三・三八六八・三二七五
ＦＡＸ　〇三・三八六八・六五八八
印刷所　藤原印刷

ISBN978-4-434-32894-7